맛있고 배부른
다노 다이어트 레시피

맛있고 배부른
다노 다이어트 레시피

과식한 다음 날, 운동 후, 치팅 데이, 디저트까지 상황별 맞춤 식단

다노 이지수, 이애리 지음

DANO
DIET
RECIPE

;세미콜론

DANO

DIET RECIPE

since 2010 ⟶ ing

PROLOGUE

**"다이어트 패러다임을 바꾸겠다."라고
세상에 출사표를 던진 후 다노가 걸어온 8년 동안
요요 없이 20kg 감량을 유지한 비결, 식단입니다.**

빠르게 외형의 변화를 보기 위해 내 몸의 소리에 귀 기울이지 않고 무작정 식욕을 참아야만 하는 식이요법, 그저 살을 빼기 위한 수단으로서만 받아들여지는 운동, 현실적으로 적용하기 어려움에도 무리해서 따라 하다 좌절감과 자존감 하락으로 이어지는 국내 다이어트 풍토에 반기를 들고 "다이어트 패러다임을 바꾸겠다!"라고 외치며 2013년 겁도 없이 다이어트 사업에 뛰어들었습니다. 그런데 막상 뛰어들고 보니 웬걸, 패러다임을 바꾸긴커녕 근근이 살아남기도 힘든 이곳은 모든 업계를 통틀어 가장 경쟁이 심하고, 유행이 시도 때도 없이 바뀌고, 기업의 수명 주기도 짧은 레드오션 중 레드오션이었어요.

다노가 달려온 8년이라는 시간 동안, 우리 옆 트랙에선 수많은 다이어트 식품, 보조제, 식욕억제제들이 혜성처럼 반짝 등장해서 1~2년은 엄청난 매출을 올리기도 했어요. 노력하지 않아도 살이 빠진다는 자극적인 후기들을 내세운 화려한 연예인 마케팅에 전혀 불안하지 않았다면 거짓말이겠죠. 하지만 우리가 사람들에게 지속 가능한 다이어트를 이야기하면서, 지속 가능하지 않은 제품과 방식으로 사업을 할 수는 없었어요. 우리의 목표는 이 업계에서 가장 높은 일회성 매출을 내는 회사가 아니라, 가장 끈기 있게 본질에 집중하고 지겨울 정도로 일관된 철학을 이야기하는 회사가 되는 것이라며 방향키를 다잡았습니다.

좀 더 오래, 일관된 철학을 쌓아 가기 위해서는 우리만의 가치관을 하나로 묶어 주는 개념이 필요했어요. 그래서 기존의 다이어트와는 대비되는 개념으로 '습관 성형'이라는 키워드를 만들었고 반응은 말 그대로 폭발적이었습니다. 이제는 국내 다이어트 문화에 어느 정도 자리 잡은 습관 성형의 흐름을 볼 때마다 뿌듯함과 책임감을 느껴요. 매출이나 경쟁사를 참고할 시간에 다노를 찾아 준 고객과 한 번 더 소통했고, 내 몸을 대하는 마음으로 다가간 진심이 통했다고 생각합니다.

이 책은 그동안 누적 150만 명의 다노 채널 팔로워들과 나눈 레시피들을 집대성한 다노 최초의 레시피북입니다. 여기에 마이다노(다노의 1:1 다이어트 코칭 서비스)에서 그동안 15만 명 이상의 식습관을 코칭했던 식습관 성형 노하우도 아낌없이 담았습니다. 단순히 조리법을 알려 주는 책을 넘어 음식을 바라보는 태도, 음식과 관계 맺는 방법을 바꿔 주는 계기가 되었으면 하는 마음입니다.

주방에서 채소를 손질하고 보글보글 조리를 하고 접시에 정갈히 담아 먹는 일. 오롯이 나를 위한 작은 시간들이 모여 여러분의 일상에 건강한 습관들이 단단히 뿌리내리기를 진심으로 응원합니다.

다노 언니 이지수

맛있고 배부른 다노 레시피로
당신의 건강한 삶을 응원해요!

— 다노언니 이지수

CONTENTS

Prologue

요요 없는 다이어트의 비밀, '습관 성형' 16
다노 레시피의 3가지 특징 18
다노 한 끼 구성 원칙 20
영양성분표 보는 법 22
다노 필수 식재료 24
식재료 계량법 28
환골탈태 체크리스트 10 30
도와줘요! 다노 식단 Q&A 32

0

DANO's BASE
요리를 시작하기 전에, 다노 만능 베이스

토마토소스 38
야채수 40
콜리플라워 라이스 42
연두부 마요네즈 44

1

BOOSTER
과식한 다음 날, 가볍게 먹고 싶을 때

연두부 그라탱 48
아스파라거스 오믈렛 50
방아방아 오트밀 52
봄 달래 비빔밥 54
달달 알배추전 56
흑임자 오트밀죽 58
고구마 치즈전 60
버섯 시금치 샐러드 62
애호박면 크림 파스타 64
오트밀 토달볶 66
낫토 삼합 68
세모야 스튜 70
한입 버섯 마르게리타 72
알배추 겉절이 샐러드 74
두부 요거트 76
단호박 에그슬럿 78
연어 세비체 80
오트밀 미역 들깨죽 82
닭가슴살 콜드 파스타 84
게맛살 달걀 볶음밥 86

✳ Special page
과식하는 습관, 고칠 수 있을까요? 88

2

PROTEIN
운동한 날,
단백질 듬뿍 채우고 싶을 때

크림 시금치 연어 92
아스파라거스 소고기말이 94
팔라펠 샐러드 96
크림 닭가슴살 스테이크 98
땅콩 두부 포케 100
두닭두닭 스테이크 102
게맛살 두부밥 104
닭가슴살 가지 보트 피자 106
갈릭 새우 볶음밥 108
단호박 부추 오리 볶음 110
냉채 골뱅이 무침 112
버섯 들깨 순두부 114
부추 닭죽 116
매콤 닭가슴살 두부 두루치기 118
소고기 두부 뭇국 120
청경채 닭가슴살 볶음 122
코코넛에 빠진 닭 124
칠리 콘 카르네 126
닭가슴살 무 조림 128
가지 마파두부 130

✻ Special page
집순이를 일으키는 홈트 플랜 132

3

CHEATING DAY
식욕 터지는 날,
자극적인 음식이 당길 때

길거리 토스트 136
당근 달걀 키토 김밥 138
달콤 묵떡볶이 140
두유 투움바 파스타 142
어묵 볶음우동 144
베트남 반세오 146
라타투이 라자냐 148
오트밀 감자 수제비 150
푸실푸실 닭가슴살 잡채 152
닭가슴살 도토리 떡국 154
애호박 멘보샤 156
포테이토 샐러드 피자 158
트러플 양송이 수프 160
솜땀 샐러드 162
들깨 크림 리소토 164
고구마 닭갈비 166
새우 납작 만두 168
버섯 규동 170
깻잎 제육 덮밥 172
소고기 스키야키 174

✻ Special page
다노 언니가 절대 먹지 않는 음식 176

DESSERTS
지치고 피곤한 날, 당 충전 필요할 때

떠먹는 고구마 브라우니 180
고구마 치즈 스틱 182
후무스 184
단호박 초코칩 스콘 186
에그 핑거푸드 188
코코넛 고구마 맛탕 190
요거트 바나나 푸딩 192
다크초콜릿 아이스크림 194
아카텔라 196
귀리 흑임자떡 198
오트밀 바나나 브레드 200
검은콩 강정 202
베리베리 아이스티 204
딸기 요거트 스무디 206
보라보라 스무디 208
두유 생초콜릿 210
바땅샌드 212
애플파이 그래놀라 214
레몬 그라니타 216
자몽 파프리카 주스 218

✳ Special page
빵순이 필독! 달다구리 끊어 내는 팁 220

+

부록
다노의 상황별 식단 플랜 4종 222

요요 없는 다이어트의 비밀, '습관 성형'

누적 150만 명이 선택한 습관 성형 플랜의 노하우로
하루 세끼, 곁에서 든든한 페이스메이커가 되어 줄게요.

● 습관 성형이란?

나 자신에 대한 이해와 알아차림을 바탕으로 일상 속에 좋은 습관을 심기 위한 환경과 맥락을 조성하고 쉽고 단순한 행동부터 반복하며 성취감을 쌓아 습관을 만드는 다노의 자기관리 방법론입니다. 누적 150만 명이 선택한 습관 성형 플랜의 노하우로 하루 세끼, 곁에서 든든한 페이스메이커가 되어 줄게요.

여러분은 왜 다이어트를 결심했나요? 이유야 여러 가지가 있겠지만, 그 중심에는 나를 좀 더 사랑하고 아끼고 싶은 마음이 분명 있을 거예요.

그동안 내 몸에 미안한 다이어트만 하고 있었다면 꼭 이 책을 만나길 바라는 마음입니다. 당장 몇 년만 살 것이 아닌 우리들의 인생을 생각해 보세요. 저 역시 스트레스와 운동 부족으로 급격하게 살이 찌고, 20kg 이상 감량했다가 과도한 강박을 경험하기도 하며 다사다난한 다이어트 세월을 보냈어요. 지금 제가 먹고 싶은 음식을 먹으면서도 고통스럽지 않고 편안하게 요요 없는 몸을 유지하는 비결은 습관 성형에 있습니다. 단순히 숫자에만 얽매이지 않고 지속 가능한 생활 습관을 뿌리내리게 하는 것이 근본적인 다이어트고, 이것이 제가 '습관 성형'의 중요성을 세상에 알리게 된 계기였어요.

여러분도 더는 음식 앞에서 지치는 싸움을 하지 않을 수 있도록 제가 평소에도 크루들과 자주 해 먹는 쉽고 맛있으면서도 배부른 레시피만 모았습니다.

습관 성형은 나를 알아가고 정의하고 내 취향과 호불호를 명확히 다듬는 과정입니다. 수도승처럼 속세의 모든 음식들과 결별하고 혹독한 수련을 이어가는 것이 아니에요. 순간의 식욕은 누구나 느끼지만, 그 식욕에 매 순간 휘둘리지 않고 한 번 곰곰이 생각하게끔 하는 훈련입니다.

이 음식이 내 몸과 마음을 편안하게 하는지, 이 음식은 굳이 먹지 않아도 괜찮은지에 대한 경계를 스스로 만들고 나를 더 행복하게 만드는 음식과 건강한 관계를 천천히 맺어 봅시다.

다노 레시피의 3가지 특징

습관 성형 레시피가 조금 더 특별한 이유는 한식을 응용한 메뉴들이
많다는 것입니다. 많은 다이어트 레시피들은 해외 음식을 변주하고 있지만,
사실 한국인에게는 한국인만의 소울푸드가 있죠.
마음이 힘들 때 뜨끈한 집밥 한 그릇에서 위로를 받는 심정으로,
다이어트에 지친 마음까지 배부를 수 있도록 구성했어요.

첫 번째, 정말 쉽고 빠르고 간단해요.

몇십 년간 내 삶에 자리 잡은 습관을 버리고 새로운 습관을 이식하려면 최대한 쉽고 간단하게 시작해야 해요. 이 책의 모든 레시피는 짧게는 5분, 길어도 20분을 넘어가지 않습니다. 다노 채널에서 소개했던 레시피라도 더 시간을 절약할 수 없을지 거듭 테스트해 재구성했어요. 바쁜 학생부터 직장인, 육아맘까지 누구나 일상 속 작은 틈을 내서 '나를 위한 건강한 식습관'을 시작할 용기를 낼 수 있도록요.
사진은 참 멋지고 맛있어 보이지만 막상 시도하려고 보면 구하기 힘든 식재료가 한 가득인 레시피북을 보며 실천하지 못했던 경험이 있기에 마트에서 손쉽게 살 수 있는 식재료만 사용했어요. 전자레인지와 팬만 있는 자취생도 도전할 수 있도록 오븐이나 에어프라이어를 써야 하는 레시피는 과감히 뺐습니다.

두 번째, 맛있고 즐거워요.

맛있는 음식은 살찌고, 맛없게 먹어야 살 빠진다는 선입견을 깼어요.
가공식품과 조미료의 인공적인 향미로 둔감해진 입맛이 자연에서 온 식재료 고유의 향과 식감이 주는 즐거움을 만끽하는 입맛으로 서서히 바뀌는 일, 좋은 재료와 알맞은 조리법만 있으면 집에서 직접 만들어도 충분히 가능해요.

세 번째, 배불러요.

이 책에서 소개하는 레시피는 양이 적어서 다이어트가 되는 것이 아니에요. 영양 밀도가 높은 음식을 통해 다양한 미량영양소를 내 몸에 채워 주어 뇌에서 더는 음식을 갈망하지 않도록 근본적인 문제부터 바로잡았습니다. 식이섬유를 풍부하게 구성해 포만감이 좋고 배부름이 오래 유지되는 특징이 있어요.

다노 한 끼 구성 원칙

식단 관리를 결심했다면 바로 따라붙는 고민이 있죠. '당장 오늘부터 무엇을, 얼마나, 어떻게 챙겨 먹어야 하지?' 일단 유명 연예인 식단을 참고하기도 하고, 하나하나 무게를 저울로 재서 먹는 열의를 불태우기도 해요. 하지만 이것도 잠시뿐. 다이어트 초반의 열정이 식어감에 따라 시간과 에너지가 많이 드는 방법은 점점 흐지부지되고 맙니다. 그래서 계획은 최대한 직관적이고 단순해야 해요. 머리 복잡하게 계산할 필요 없이 딱 4가지만 기억하면 되는 한 끼 구성 '4321룰'을 소개합니다.

🌸 4321룰이란?

'4321룰'은 영양소를 비율에 맞게 섭취하는 것뿐 아니라 영양소를 최대한 다양한 영양원으로부터, 가능한 한 덜 가공된 형태로 섭취하는 것이 목적입니다. 접시* 절반이 살짝 안 되는 양(40%)을 채소로 가득 채우고, 나머지의 절반(30%)은 비정제 탄수화물, 나머지는 단백질(20%)과 약간의 지방(10%)으로 채우세요. 이것만 기억해 두면 외식을 할 때도 가상의 접시를 생각하며 식탁 위 메뉴와 양을 구분해 자연스럽게 조절할 수 있어요. 접시 대신 식판을 사용하면 식사량을 관리하기 훨씬 수월합니다.

● 접시의 크기는 한 끼 식사량입니다. 개인의 키, 체중, 평소 신체 활동량에 따라 달라져요. 접시 위의 음식을 모두 먹었을 때 기분 나쁘지 않게, 적당한 포만감이 느껴지는 수준이면 알맞습니다.

④ 식이섬유 및 미량영양소

매 끼니에 채소 1가지를 섭취해 하루에 2가지 이상의 채소를 드시길 권합니다. 상추, 깻잎, 로메인, 케일, 청경채, 셀러리, 시금치 등의 잎채소들은 생으로 먹으면 풍부한 비타민과 미량영양소를 챙길 수 있어요. 파프리카, 브로콜리, 콜리플라워, 양파, 가지, 버섯, 양배추 등 질감이 단단한 채소들은 찌거나 구워 먹으면 소화도 잘 되고 먹기 편해 더욱 좋습니다.

③ 비정제 탄수화물

우리가 쉽게 접하는 흰쌀, 밀가루는 정제 탄수화물인데, 정제 과정에서 다양한 미량영양소들이 제거됩니다. 흰쌀밥은 현미잡곡밥으로, 밀가루빵은 통밀빵이나 호밀빵, 현미빵으로 대체해 보세요. 면은 되도록 메밀 함량이 높은 면이나 통밀 파스타로 선택해요. 단호박, 고구마, 감자 같은 구황작물도 비정제 탄수화물에 해당하니 밥과 면이 지겨울 때 틈틈이 활용해 보세요.

② 단백질

매 끼니에 단백질 식품을 최소 1가지 이상 챙겨 주세요. 닭가슴살은 물론 소고기 우둔살, 사태살, 돼지고기 뒷다리살처럼 지방이 적은 고기 1덩이, 생선 1토막, 혹은 달걀 2개, 두부 1/2모 정도를 추천해요.

① 지방

단백질에 대부분 지방이 함께 있기 때문에 따로 조금만 챙겨도 필요량을 쉽게 채울 수 있어요. 드레싱으로 올리브유를 쓰거나 간식으로 견과류, 치즈, 요거트를 식단에 추가해 보세요.

영양성분표 보는 법

영양성분표 제대로 보고 있나요? 습관처럼 칼로리부터 보고 있었다면 이 페이지를 주목해요. 무조건 총 칼로리 섭취량을 제한하기만 한다면 되려 식단 관리에 큰 마이너스 요인으로 작용한다는 사실을 아셨나요? 우리 몸은 굶주리고 있다고 느끼면 지방을 축적하려는 상태가 되거든요. 반면 영양 다양성이 높은 음식을 먹으면서 운동을 병행하면 지방을 태우는 상태가 됩니다. 어떤 성분 위주로 체크해야 하는지 간단하게 영양성분표 보는 3가지 포인트를 기억해 두세요!

🏵 영양성분표 CHECK POINT

① 나트륨

나트륨의 1일 섭취 권장량은 2,000mg(2g)입니다. 소금 1티스푼이 5,000mg(5g)이니 실제 권장량은 정말 적답니다. 나트륨은 많이 섭취하게 되면 세포 속에 수분이 들어가 세포가 커지고 부종이 생겨요. 반면 지나친 저염, 무염식을 유지하면 갑자기 나트륨을 섭취했을 때 얼굴이나 손발이 부어오를 수 있고요. 나트륨은 과하거나 부족하지 않게 적정량을 섭취해야 합니다. 짠 음식을 많이 섭취한 날에는 칼륨이 들어 있는 생채소를 섭취하여 전해질 균형을 맞춰 주세요.

② 탄수화물

탄수화물은 당질과 식이섬유로 구성된 영양소예요. 탄수화물을 많이 먹으면 살이 찌는 원인은 과도한 당질을 섭취하기 때문인데, 당질은 구성된 당의 개수에 따라 단당류와 다당류로 나뉩니다. 단당류는 당이 하나이기 때문에 소화가 빠르지만, 다당류는 당이 여러 개 붙어 있어 구조가 크기 때문에 소화가 천천히 돼요. 즉, 같은 탄수화물이라도 현미 같은 복합탄수화물이나 고구마처럼 식이섬유가 많은 것을 먹어야 포만감이 오래 유지 된다는 것! 탄수화물의 1일 권장량은 체중과 활동량, 지방섭취량에 따라 천차만별이니 그램 수를 재면서 챙기기보다는 21p의 '4321룰'에 맞춰 전체 식사량에서 차지하는 탄수화물 비중으로 조절해 주세요.

③ 당류

우리가 당류를 조절해야 하는 이유는 바로 '혈당 스파이크' 때문이에요. 혈당 스파이크는 혈당이 급속하게 치솟았다가 급격히 떨어지는 것인데, 당류가 높은 음식을 먹을수록 혈당이 올랐다 빠르게 떨어지면서 금방 공복감을 초래해 과식하게 됩니다. 음식 100g당 당류 5g 이하로, 1일 25g을 넘지 않게 해주세요.

✚ 다노의 식습관 성형에서는 칼로리 계산을 하지 않습니다. 섭취한 칼로리와 실제로 몸에서 흡수하는 칼로리는 다르기 때문이에요. 칼로리는 영양이 아니라 그저 에너지의 척도일 뿐입니다. 같은 칼로리여도 어떤 음식은 중독성이 있고, 어떤 음식은 호르몬을 자극하고, 어떤 음식은 신진대사를 촉진하거나 저하시키고, 어떤 음식은 장내 미생물을 다양하게 만들어요. 그래서 최적의 장내 환경을 만들고, 포만감을 오래 유지하는 양질의 음식을 먹으면 같은 칼로리를 먹더라도 더 건강한 몸을 만들 수 있답니다.

다노 필수 식재료

병아리콩
식물 단백질을 책임지는 콩! 병아리콩은 콩 특유의 비린 맛이 적다는 장점이 있어요. 샐러드에 토핑으로 올리거나, 곱게 갈아 후무스를 만들어 보세요. 통조림을 사용하면 불릴 필요도 없고 삶는 시간도 단축해 편리해요.

오트밀
귀리를 압착시킨 오트밀은 다노 레시피에서 가장 많이 사용되는 재료입니다. 주로 쌀 대신 쓰고 곱게 갈면 훌륭한 밀가루 대체재가 돼요. 빠른 조리가 가능한 롤드 오트, 퀵 오트, 포리지 오트와 같은 압착 오트를 추천해요.

액젓
간장만으로는 2% 부족한 감칠맛을 채우는 소스 재료입니다. 멸치액젓, 까나리액젓 등 종류는 상관없으나 레시피에는 풍미가 좋은 참액젓을 주로 사용했어요. 소량만으로도 짠맛이 강하므로 조금씩 간을 맞추며 사용하세요.

아몬드가루
비건 베이킹에서 밀가루 대신 사용합니다. 몸에 좋은 불포화지방산과 식이섬유를 더해 주고 버터, 우유, 달걀과 같은 동물성 재료를 넣지 않아도 고소한 풍미를 내요.

레몬즙

레몬을 짜서 써도 되지만 잘 고른 레몬즙 하나면 매번 신선한 레몬을 사서 짜는 번거로움을 덜 수 있습니다. 끓이지 않고 착즙한 비농축 제품을 추천하며, 다른 첨가물 없이 레몬즙 함량이 최대한 높은 제품을 고르세요.

무가당 카카오가루

디저트 요리에 자주 사용하며 단맛이 전혀 없고 쓴맛이 강한 특징이 있어요. 우리가 아는 초콜릿 맛을 내고 싶다면 꿀이나 올리고당과 함께 사용하세요. 디저트가 당길 때 적절히 활용하기 좋은 식재료입니다.

그릭요거트

전통 방식의 그릭요거트는 원유에 첨가물 없이 발효만 시켜 만듭니다. 샐러드 소스, 스무디나 디저트류에 휘핑크림을 대체하는 데 이만한 것이 없어요. 단맛은 없고 신맛이 도는 되직한 것으로 고르세요.

페퍼론치노(고춧가루)

다이어트 요리에 약간의 매운맛을 첨가하면 간이 심심해도 훨씬 맛있어집니다. 짠맛에만 집중되지 않도록 맛을 분산시켜 보세요. 한식에는 고춧가루로 대체해도 무방합니다.

캐슈너트
쓴맛이 적고 부드러운 식감으로 비건용 치즈나 버터의 재료로 많이 활용됩니다. 우유처럼 크리미하고 고소한 풍미가 일품이에요. 사용하기 직전 살짝 볶아 사용하면 고소함이 배가 돼요.

치즈
감칠맛은 물론 포만감도 주는 치트키 재료입니다. 소금 대신 넣어 간을 맞추는 역할도 해요. 이때 가공 치즈가 아닌 자연 치즈를 고르는 것이 포인트! 모차렐라 치즈, 파르메산 치즈를 주로 사용해요.

콜리플라워 라이스
최근 쌀밥 대용으로 떠오른 다이어트계의 핫한 식재료입니다. 실제 콜리플라워는 줄기를 제거하는 데 손이 많이 가는 편이라 생채소보다 냉동 제품을 추천합니다.

발사믹 식초
한식에 간장이 있다면 양식에는 발사믹 식초가 있지요. 샐러드는 물론 각종 고기 요리에 사용해 특유의 깊은 단맛과 감칠맛을 더합니다. 숙성 기간과 브랜드에 따라 맛이 조금씩 다르며 책에서는 멩가졸리 제품을 사용했습니다.

허브

요리 마무리에 가니시로 얹어도 좋지만 심심한 다이어트식의 풍미를 고급스럽게 살리는 천연 조미료의 역할도 한답니다. 파슬리, 오레가노, 바질, 로즈메리 등 취향에 맞게 골라 쓰세요.

치킨스톡

닭의 살코기, 뼈, 그리고 채소 등을 우려낸 엑기스로 매번 육수 끓이는 번거로움을 없애 주는 재료랍니다. 하지만 직접 끓이는 육수보다는 소금과 기타 첨가물이 많으니 함량을 잘 보고 고르세요. 비건을 위해 채소로만 만든 채소스톡도 있습니다.

토마토 퓌레

다노 만능 베이스인 토마토소스의 기초 재료가 되며 토마토 형태가 살아 있는 홀 토마토 퓌레 통조림을 추천해요.

무가당 두유

우유의 대체재로 사용하며 우유보다 훨씬 걸쭉해 크림소스 만들 때 딱이에요. 설탕이나 액상과당 없이 두유액 함량 100%에 가까운 제품을 추천해요.

식재료 계량법

+

이 책의 계량은 1큰술 기준 액체류는 10g, 가루류는 15g입니다. 일반 가정에서도 편하게 계량할 수 있도록 밥숟가락을 기준으로 하였으며 눈대중은 사진의 양을 참고하세요. 정확한 계량보다는 입맛과 취향에 따라 간을 보며 상황에 맞게 조절해도 좋아요.

+

이 책에 소개된 모든 레시피는 1~1.5인분 기준입니다.

1큰술 　　 1/2큰술 　　 1/3큰술

가루류

| 1 큰술 | 1/2큰술 | 1/3큰술 | 1 큰술 | 1/2큰술 | 1/3큰술 |

액체류　　　　　　　　　　고체 / 소스류

환골탈태 체크리스트 10

건강한 습관은 하루아침에 만들어지지 않아요.
습관 성형을 위한 필수 준비물 10가지,
얼마나 가지고 있나요?

☐ **물통**
목마름을 배고픔으로 착각하지 않기! 물통을 가지고 다니며 수시로 수분을 보충해 주세요.

☐ **식단 일기**
오늘 먹고 마신 것들을 그때그때 사진이나 글로 남겨 기록해 보세요.

☐ **노땡큐 스마일**
계획한 식단이 아닌 다른 음식을 권하는 상대방에게 친절한 미소로 거절해 주세요.

☐ **오뚝이 정신**
계획을 온전히 지키지 못했더라도 괜찮아요. 여기서 포기하지 말고 바로 다시 시작해요.

☐ **마이웨이 스피릿**
절대 다른 사람과 나를 비교하지 마세요. 습관 성형은 누군가에게 보여 주는 것이 아닌,
내 건강과 자신감을 위한 거예요.

☐ **조력자**

습관 성형 시작을 주변에 알려 도움과 응원을 요청하세요. 함께 시작할 동료를 구해도 좋겠죠?

☐ **가벼운 운동**

식단과 함께 가벼운 운동을 겸해 주세요. 무슨 운동부터 해야 할지 막막한 초보라면 휴대폰 만보기를 켜고 산책부터 시작해 봐요.

☐ **환경 세팅**

냉장고 안, 책상 위, 식탁 위에 있는 다이어트를 방해하는 모든 것들을 치워 주세요.

☐ **수면 시간**

피곤한 상태에서는 건강한 식단과 마인드를 지키기 어려워요. 하루 최소 7시간의 수면 시간을 꼭 확보하세요.

☐ **미식가 빙의**

식사 시 TV나 핸드폰을 멀리하고 음식 자체의 맛과 식감에 집중하여 천천히 음미해 보세요.

도와줘요! 다노 식단 Q&A

그동안 다노 채널로 보내 주신 식단 관련 질문 중
가장 많은 분들이 궁금해 한 주제들만 모았어요.
지난 8년간 다노로 쏟아진 간절하고 절실한 목소리들 속에서
공통적으로 직면하는 어려움이 제법 많았답니다.
식단을 시작하기 전에 한번 읽어 보세요.

Q. 하루 세끼 다 다이어트식으로 먹어야 하나요?

그럴 필요 없어요. 저 역시 매끼를 다이어트식으로 먹고 있지 않아요. 처음 식단 조절을 할 때는 하루 세끼 기준으로 딱 한 끼만 바꾸세요. 하루 3번의 식사를 한다고 가정하면 일주일에 21번 식사를 하는데, 그중 딱 7번만 다이어트 식단으로 먹는 거죠. 익숙해지면 일주일에 8번, 9번으로 조금씩 늘려 나가요. 지속 가능한 플랜이 중요하니 처음부터 모든 것을 한 번에 바꾸려 하지 마세요.

Q. 밥 먹을 때 물을 마시면 다이어트에 안 좋다고 하던데 사실인가요?

식사 중 목을 축이는 한두 모금 정도의 물은 괜찮습니다. 다만 식사 중이나 식사 직후 다량의 물을 한 번에 벌컥벌컥 마시면 음식을 분해하는 소화효소나 위산, 침을 희석시켜 소화력이 저하돼요. 따라서 어느 정도 소화가 되고 나서 충분한 양의 물을 마시는 것을 추천합니다.

Q. 요리할 시간이 없는데 어떡하죠?

먹기 직전에 요리를 한다는 생각보다 본인의 생활 패턴에 맞게 미리 만들어 보는 건 어떨까요? 아침형 인간이라면 일어나서 점심 도시락이나 저녁에 먹을 것을 미리 해 놓고, 아침잠이 많다면 전날 저녁에 미리 만들어 놓고 잠자리에 들어요. 이 책에도 한 번 만들 때 2~3번 먹을 수 있는 양으로 넉넉히 만들어 소분해 냉동 보관했다가 먹기 직전에 해동해도 좋은 레시피들이 아주 많답니다.

Q. 다이어트 중 약속이 있어 부득이하게 밖에서 외식해야 할 때, 다노 언니는 어떻게 하세요?

방울토마토나 프로틴 바, 구운 달걀과 같이 식이섬유나 단백질로 미리 배를 반 정도 채우고 가요. 그래야 음식 앞에서 이성의 끈을 놓지 않을 수 있어요. 메뉴를 고를 때는 밥, 빵, 면 같은 탄수화물은 최대한 배제하고 단백질과 식이섬유 위주의 메뉴를 골라요. 해산물과 채소가 많이 들어간 국물류는 건더기 위주로만 먹으면 괜찮습니다. 음식은 비교적 자유롭게 먹더라도 단 음료나 술은 최대한 피하세요. 그리고 가장 중요한 것은 마인드 컨트롤입니다. 내가 이 자리에 온 것은 푸드 파이터처럼 음식을 흡입하기 위한 것이 아니라, 좋아하는 사람들과 맛있는 음식을 음미하며 좋은 시간을 보내러 온 것임을 기억하세요.

Q. 탄수화물을 줄이면 아무리 먹어도 금방 허기가 져요. 어떻게 하면 배부르면서도 탄수화물을 줄일 수 있을까요?

포만감을 주는 요소가 꼭 밥, 빵, 면과 같은 탄수화물일 필요는 없어요. 몇 가지 재료를 활용하면 실제 포만감은 물론 시각적 포만감까지 줄 수 있습니다. 예를 들어 라면에는 숙주나물을 크게 한 줌 넣고, 고기를 먹을 때는 밥 대신 양배추 샐러드를 듬뿍 넣은 풍성한 쌈을 추가해 보는 거예요. 볶음밥을 할 때 일반 쌀과 콜리플라워 라이스를 섞어 탄수화물의 양을 반으로 줄일 수 있고요. 이 외에도 버섯, 가지, 알배추처럼 향이 강하지 않으면서 부피감이 있는 식재료를 활용해 보세요.

여기서 가장 중요한 포인트는 실제로 얼마나 많이 먹었는지가 아닌, 우리의 뇌가 많이 먹었다고 믿게 하는 것이에요. '방금 다이어트식으로 먹었으니 금방 배가 꺼질 거야. 아무래도 든든하게 먹지 못한 것 같아.' 라고 생각하면 우리 뇌는 공복감 자체에만 집중하게 되고 실제로도 허기가 정말 빨리 찾아와요. 한 끼를 먹어도 정성스레, 감사한 마음으로 재료를 음미하면서 먹으면 건강식도 충분히 배부르고 만족스러울 수 있어요.

Q. 배가 고프진 않은데 계속 먹을 것이 당겨요. 가짜 배고픔을 다스리는 방법이 있나요?

간혹 우리 뇌는 수분이 부족한 상태를 '배고픔'으로 착각하기도 해요. 이럴 때 바로 입맛 당기는 대로 먹고 후회하지 말고, 물이나 탄산수를 마시고 10분 정도 기다려 보세요. 그래도 뭔가 먹고 싶다면 아몬드나 채소 스틱처럼 씹을 수 있는 건강 간식들을 조금씩 섭취하세요. 또한 10~15분간의 짧고 굵은 고강도 운동을 하면 뇌에서 몸에 생기는 열과 변화에 더 집중하게 되어 가짜 배고픔을 잊게 됩니다.

Q. 다이어트 식단에서 칼로리를 계산하지 않아도 괜찮을까요?

네. 괜찮습니다. 사실상 내가 섭취하는 음식들을 정확한 칼로리로 계산하는 건 거의 불가능해요. 무엇보다 칼로리 계산을 하다 보면 내가 먹는 음식 자체에 대한 즐거움보다는 1g이라도 정확해야 한다는 강박과 스트레스가 커져요. 칼로리는 얼마만큼의 에너지를 내는지 참고하기에는 괜찮지만, 판단 도구로는 적합하지 않지요. 대신 영양소 구성 비율(4321룰, 21p 참고)에 더 중점을 두는 것을 추천합니다.

요리를 시작하기 전에,
다노 만능 베이스

0

DANO's BASE

토마토소스

다노 레시피에 가장 많이 등장하는 재료입니다. 취향에 따라 다른 재료를 넣어도 좋지만 **토마토와 양파, 허브** 이 셋은 꼭 들어가요. 시판 토마토소스를 사용해도 무방하지만 직접 만들면 과한 짠맛과 단맛을 조절할 수 있습니다.

Ingredients

양파 40g
당근 20g
셀러리 20g(선택)
토마토 퓌레 400g
다진 마늘 1큰술
치킨스톡 1개
올리브유 3큰술
아몬드가루 1큰술
고춧가루 1/2큰술(선택)
스테비아 1/2큰술
허브가루 약간
파프리카가루 1큰술(선택)

DANO's TIP

• 1주간 먹을 분량은 냉장 보관하고, 그 이상은 소분해 냉동 보관하세요.
• 허브가루로는 로즈메리나 오레가노가루를 섞어 쓰면 고급스러운 풍미가 납니다. 파프리카가루를 넣으면 색감이 살아나지만 없어도 무방해요.

How to cook

1
당근과 셀러리, 양파는 잘게 다집니다.

2
큰 볼에 토마토 퓌레와 치킨스톡, 아몬드가루, 고춧가루, 스테비아, 허브가루, 파프리카가루를 담고 잘 섞습니다.

3
달군 팬에 올리브유를 두르고 다진 마늘과 양파를 넣은 뒤 갈색빛이 될 때까지 약한 불에서 잘 섞으며 볶습니다.

4
다진 당근과 샐러리를 넣고 중간 불에서 2분간 더 볶습니다.

5
②를 넣고 센 불에서 3분간 끓인 뒤 중간 불로 줄여 10분간 더 끓입니다.
👉 오래 끓일수록 감칠맛이 살아나 맛있어져요.

6
불을 끄고 한 김 식힌 뒤 사용하며 남은 소스는 밀폐 용기에 담아 보관합니다.

DANO's BASE 요리를 시작하기 전에, 다노 만능 베이스

야채수

각종 건어물과 채소를 통째로 우린 야채수는 국물 요리의 기본 베이스입니다. 물을 사용했을 때보다 간을 조금 심심하게 해도 더 맛있는 요리가 완성되기 때문에 양념을 강하게 하지 않는 다이어트 요리에는 필수 재료지요.

Ingredients

무 100g
양파 50g
대파 50g
알배추 3장
다시마 10g
국물용 멸치 8마리
물 1L

How to cook

1
무와 알배추, 대파, 양파를 큼직하게 썹니다.

2
냄비에 모든 재료를 넣고 한소끔 끓어오르면 약한 불로 줄여 10분간 끓인 뒤 멸치와 다시마를 건져 냅니다.
👉 멸치와 다시마를 넣고 너무 오래 끓이면 육수가 텁텁해져요.

3
약한 불에서 10분간 더 끓이고 불을 끈 뒤 충분히 식히고 남은 건더기를 모두 건져 냅니다.

DANO's TIP

• 빠르게 육수를 내야 할 때는 재료를 최대한 작게 자르세요.
• 1인 가구라면 간편한 시판용 다시팩을 쓰는 것도 추천해요.

콜리플라워 라이스

쌀과 함께 섞어 밥을 짓거나, 양념이나 기름이 들어가는 볶음밥에 밥 대신 사용해 보세요. 칼로리는 대폭 낮추면서도 식감이나 맛에서는 무척 만족스러운 대체식을 경험할 수 있습니다.

Ingredients

콜리플라워 1송이
(냉동 콜리플라워 400g으로 대체 가능)
식초 3큰술

How to cook

1
콜리플라워를 적당한 크기로 자르고 가운데 심 부분을 잘라 냅니다.

2
큰 볼에 손질한 콜리플라워와 식초를 넣고 잠길 만큼 물을 부은 뒤 5분간 둡니다.

3
흐르는 물에 콜리플라워를 헹군 뒤 체에 밭쳐 물기를 제거하고 쌀알 크기로 잘게 다집니다.

4
팬에 다진 콜리플라워를 넣고 수분이 날아갈 때까지 약한 불에서 볶습니다.

DANO's TIP

콜리플라워는 비타민 C와 식이섬유가 풍부하고 포만감이 좋아 다이어트식, 비건식, 키토식에 자주 활용돼요. 생으로 먹으면 떫은맛이 나서 보통 익혀 사용합니다. 익히면 특별한 맛은 나지 않아요.

연두부 마요네즈

연두부를 베이스로 하고 달걀을 사용하지 않는 비건식 마요네즈를 소개합니다. 짠맛보다는 신맛을 살려 지방과 나트륨 부담이 덜하면서도 담백하고 고소한 맛은 그대로인 다이어트용 마요네즈랍니다. 마음껏 찍어 먹어도 좋아요.

Ingredients

연두부 250g
캐슈너트 30g
홀그레인 머스터드 1/2큰술
올리브유 5큰술
식초 2큰술
스테비아 1/3큰술

How to cook

1
믹서기에 모든 재료를 담고 곱게 갑니다.

DANO's TIP

사실 마요네즈는 다이어트 요리에 주로 쓰이는 식물성 기름과 달걀노른자, 식초, 소금으로 만들어져요. 하지만 지방과 나트륨 함량이 높지요. 대체 재료로 맛은 비슷하게, 몸에는 건강하게 먹자고요!

과식한 다음 날, 가볍게 먹고 싶을 때

1

BOOSTER

연두부 그라탱

세 가지 재료로 5분 만에 만드는 퀵 레시피입니다. 밥 대신 연두부를 넣어 단백질을 보충하고 식감은 훨씬 부드러워 소화도 잘 돼요. 연두부는 콩 특유의 향이 강하지 않아 크림소스, 토마토소스 같은 서양 요리와 찰떡궁합이랍니다.

Ingredients

연두부 200g
모차렐라 치즈 50g
토마토소스(38p) 3큰술

How to cook

1
오목한 그릇에 연두부를 담습니다.

2
연두부 위에 토마토소스를 넉넉하게 올린 뒤 모차렐라 치즈를 골고루 뿌립니다.

3
전자레인지에 넣고 치즈가 녹을 때까지 3분간 돌립니다.

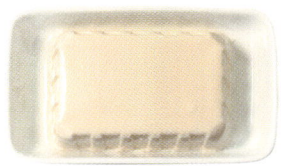

DANO's TIP

조금 더 든든하게 먹고 싶을 때는 닭가슴살을 추가해 보세요.

아스파라거스 오믈렛

누구나 할 수 있는 간단한 달걀 프라이에 아스파라거스를 더해 보세요. 모양뿐 아니라 맛과 영양 모두 잡는 치트키 메뉴가 탄생해요. 아스파라거스에는 피로 회복과 숙취 해소에 좋은 아스파라긴산이 콩나물보다도 훨씬 더 많답니다.

Ingredients

아스파라거스 100g
달걀 2개
올리브유 3큰술
파르메산 치즈 1큰술
소금 1꼬집
후추 약간

How to cook

1
아스파라거스를 흐르는 물에 씻은 뒤 밑에서부터 1~2cm 정도의 질긴 부분을 잘라 냅니다.

2
소금을 넣은 끓는 물에 아스파라거스를 넣어 30초간 데칩니다.
👉 오래 익힐수록 아삭한 식감이 사라지고 부드러워지니 취향에 따라 데치는 시간을 조절하세요.

3
데친 아스파라거스는 세로로 길게 반을 자릅니다.
👉 크기가 작은 아스파라거스는 자르지 않아도 괜찮아요.

4
팬에 자른 아스파라거스를 올려 올리브유를 두르고 중간 불에서 30초간 볶습니다.

5
약한 불로 줄인 뒤 아스파라거스 사이사이에 공간을 만들고 달걀을 하나씩 깨트려 넣습니다.
👉 이때 최대한 달걀노른자가 터지지 않도록 해주세요.

6
달걀 위에 파르메산 치즈와 후추를 뿌린 뒤 치즈가 녹을 때까지 뚜껑을 덮었다가 달걀노른자가 완전히 익기 전에 불을 끄고 접시에 담습니다.

DANO's TIP

치즈는 간을 맞추는 동시에 달걀과 아스파라거스의 접착제 역할을 해요. 치즈가 없다면 소금으로 간을 맞추세요.

BOOSTER — 과식한 다음 날, 가볍게 먹고 싶을 때

방아방아 오트밀

방울토마토와 아보카도의 앞글자를 따서 만든 따뜻한 덮밥 메뉴입니다. 과일을 토핑으로 얹어 달콤하게 먹는 오트밀과는 또 다른 매력이 있답니다. 사 놓고 방치해 둔 오트밀이 있다면 오늘 한번 만들어 보세요.

Ingredients

오트밀 30g
아보카도 1/2개
방울토마토 5개
무가당 두유 1팩(190g)
올리브유 적당량
발사믹 식초 1큰술
후추 약간
소금 약간

How to cook

1
방울토마토는 꼭지를 떼어 반으로 썰고, 아보카도는 껍질과 씨를 제거한 뒤 한입 크기로 자릅니다.

2
오목한 그릇에 오트밀과 두유를 담고 골고루 섞은 뒤 전자레인지에 넣어 2분 30초간 돌립니다.

3
팬에 올리브유를 두르고 손질한 방울토마토를 넣어 중간 불에서 1분간 볶다가 발사믹 식초를 뿌려 1분간 더 볶습니다.

4
전자레인지에서 꺼낸 오트밀죽 위에 손질한 아보카도, 구운 방울토마토를 올리고 올리브유와 후추, 소금을 뿌립니다.
👉 달걀프라이를 곁들이는 것도 추천해요.

DANO's TIP

오트밀 보관법
오트밀은 습기와 냄새를 잘 흡수해 오픈한 순간부터 산패되기 쉽고, 상온에 두면 찌든 냄새가 날 수 있어요. 반드시 밀봉한 뒤 냉장 혹은 냉동 보관하세요. 특히 무더운 여름에 상온 보관하면 벌레가 생길 수 있으니 주의해요!

BOOSTER 과식한 다음 날, 가볍게 먹고 싶을 때

봄 달래 비빔밥

10 min

독특한 향과 맛이 매력적인 대표적인 봄나물 '달래'로 만든 비빔밥입니다. 달래 고유의 향긋함을 살려 다른 재료와 강한 양념을 배제하는 것이 포인트! 쓱쓱 비벼서 한입 넣으면 봄의 생명력이 입안 가득 느껴질 거예요.

Ingredients

현미밥 150g
표고버섯 3송이
달래 50g
포도씨유 적당량
달걀 1개

양념장
간장 1큰술
참기름 1큰술
발사믹 식초 1/2큰술
통깨 약간

How to cook

1
버섯은 슬라이스하고 달래는 버섯 길이로 자릅니다.

2
작은 그릇에 양념장 재료를 넣고 잘 섞어 둡니다.

3
팬에 포도씨유를 두르고 버섯을 넣어 중간 불에서 1분간 볶은 뒤 따로 둡니다.

4
다시 팬에 포도씨유를 두르고 달걀을 넣어 반숙으로 프라이합니다.

5
오목한 접시에 현미밥을 담고 손질한 달래와 익힌 버섯, 달걀 프라이를 올립니다. 양념장을 곁들여 비벼 먹습니다.

DANO's TIP

빈혈 예방에 도움을 주는 철분과 비타민 C가 풍부한 달래. 최대한 가열하지 않고 먹는 것이 좋아요. 둥근 알뿌리가 너무 크면 질기고 매운맛이 강하니 참고하세요. 푸른 잎 부분은 너무 말라 있지 않고 누런 부분이 최대한 없는 것으로 고르세요.

BOOSTER · 과식한 다음 날, 가볍게 먹고 싶을 때

달달 알배추전

 10 min

비 오는 날 전이 먹고 싶을 때 휘리릭 만들어 보세요. 노릇노릇 구워질 때부터 진동하는 고소한 냄새로 행복이 가득! 이렇게 맛있는데 영양 구성도 좋고, 칼로리도 낮답니다.

Ingredients

알배추 3~4장
달걀 1개
감자전분 2큰술
포도씨유 적당량
소금 약간

소스
물 1큰술
간장 1큰술
레몬즙 1/2큰술
통깨 1/2큰술

How to cook

1
큰 볼에 달걀과 감자전분, 소금을 넣고 잘 섞어 반죽을 만듭니다.

2
도마 위에 알배추 1장을 올리고 흰색 밑동에서부터 약 5cm 정도 세로로 칼집을 낸 뒤 칼등으로 두꺼운 줄기 부분을 두드려 평평하게 만듭니다.

3
팬에 포도씨유를 두르고 예열이 되면 알배추에 반죽을 앞뒤로 골고루 묻혀 중간 불에서 노릇노릇하게 부칩니다.

4
작은 볼에 소스 재료를 모두 담고 잘 섞어 곁들입니다.
☞ 알배추 자체가 충분히 달고 맛있기 때문에 소스에 찍지 않고 먼저 먹어보는 것을 추천해요.

DANO's TIP

알배추 보관법
일반 배추보다 작고 연한 알배추는 줄기에 수분이 많기 때문에 신문지나 랩으로 감싸 냉장 보관해야 마르지 않고 신선하게 보관할 수 있어요.

흑임자 오트밀죽

흑임자가루는 미숫가루처럼 음료로 마시는 경우가 많은데요, 입자가 굵어 섞을 때도 힘들고 마시기 불편할 때도 많아요. 이때 따뜻한 죽으로 섭취하면 훨씬 든든할 뿐 아니라 흑임자의 고소함을 한층 더 깊이 느낄 수 있답니다.

Ingredients

오트밀 4큰술
무가당 두유 1팩(190g)
물 180g
흑임자가루 2큰술
스테비아 1/2큰술
소금 약간

How to cook

1
냄비에 물과 오트밀을 넣고 중간 불에서 1분간 끓입니다.

2
약한 불로 줄인 뒤 흑임자가루를 넣고 잘 섞으며 1분간 더 끓입니다.

3
두유를 붓고 계속 잘 저으며 3분간 더 끓입니다. 불을 끄고 스테비아와 소금으로 간을 맞춥니다.

DANO's TIP

흑임자의 케라틴 성분은 머리카락, 손톱, 피부 등의 상피 구조를 형성하는 단백질로 두피와 모발을 건강하게 해줍니다. 탈모나 새치 고민이 있다면 꾸준히 먹어 보세요.

고구마 치즈전

15 min

이 메뉴는 한 패밀리 레스토랑의 치즈와 버터를 올린 고구마에서 착안해 조금 더 담백하게 만든 메뉴예요. 고구마의 건강한 탄수화물과 달걀의 단백질, 치즈의 지방까지 모든 영양소가 고루 들어 있어 한 끼 식사로 제격이에요.

Ingredients

고구마 100g
달걀 1개
파르메산 치즈 1큰술
코코넛오일 2큰술
꿀 약간

How to cook

1
흐르는 물에 깨끗하게 씻은 고구마는 껍질을 벗긴 뒤 채 썹니다.
👉 껍질째 만들어도 좋아요.

2
볼에 달걀과 파르메산 치즈를 넣고 잘 섞어 달걀물을 만듭니다.

3
팬에 코코넛오일을 두른 뒤 충분히 예열이 되면 채 썬 고구마를 넣고 중간 불에서 잘 섞으며 볶습니다.

4
고구마가 어느 정도 익으면 전체적인 모양을 동그랗게 만들고 사이사이의 빈틈이 채워지도록 달걀물을 고루 붓습니다.

5
치즈가 녹을 때까지 앞뒤로 노릇노릇하게 굽고 접시에 옮겨 담습니다. 꿀을 곁들입니다.

BOOSTER   과식한 다음 날, 가볍게 먹고 싶을 때

버섯 시금치 샐러드

나물로만 먹었던 시금치의 싱그러운 변신! 샐러드로 먹으면 향긋하면서도 신선한 시금치 본연의 맛을 그대로 느낄 수 있어요. 여기에 발사믹으로 구운 버섯을 올리면 감칠맛에 씹는 식감까지 더해져 맛있는 비건 샐러드가 완성돼요.

Ingredients

느타리버섯 70g
표고버섯 1~2개
샐러드용 시금치 1줌
방울토마토 5개
양파 40g
다진 마늘 1/2큰술
올리브유 적당량
간장 1큰술

소스
발사믹 식초 2큰술
올리브유 2큰술
레몬즙 2큰술

How to cook

1
시금치는 흐르는 물에 깨끗이 씻고 체에 밭쳐 물기를 제거한 뒤 접시에 담습니다.

2
작은 볼에 소스 재료를 모두 담고 잘 섞습니다.

3
버섯은 먹기 좋은 크기로, 방울토마토는 반으로, 양파는 동그랗게 자릅니다.

4
팬에 올리브유를 두른 뒤 다진 마늘을 넣고 중간 불에서 볶다가 버섯을 넣어 1분간 볶습니다.

5
방울토마토와 양파를 추가로 넣고 볶다가 간장을 넣고 1분간 더 볶습니다.

6
시금치 위에 볶은 채소를 올리고 소스를 곁들입니다.

DANO's TIP
일반 시금치를 사용해도 좋지만 샐러드용 시금치는 어린잎이라 식감이 훨씬 좋아요.

애호박면 크림 파스타

탄수화물 걱정 없이 배부르게 먹을 수 있는 훌륭한 파스타를 소개합니다. 잠깐 볶아도 충분히 익기 때문에 일반 파스타보다 빠르게 요리할 수 있어요. 아보카도 특유의 크리미한 질감으로 그럴듯한 크림 파스타의 모양새도 난답니다.

Ingredients

애호박 120g
생새우살 50g
아보카도 1/2개
다진 마늘 1/2큰술
올리브유 3큰술
그릭요거트 1큰술
후추 약간
소금 약간
파슬리가루 약간

How to cook

1
볼에 아보카도를 담고 포크로 곱게 으깬 뒤 그릭요거트와 후추를 넣고 잘 섞어 아보카도 크림소스를 만듭니다.

2
애호박의 단단한 껍질을 채칼로 길고 얇게 국수처럼 썰어 애호박면을 만듭니다.
👉 애호박의 노란 속은 물렁물렁해서 잘 썰리지 않으니 단단한 껍질 부분 위주로 돌려 가며 잘라요.

3
팬에 올리브유를 두른 뒤 다진 마늘과 새우살을 넣고 중간 불에서 잘 섞으며 볶습니다.

4
새우가 반 정도 익으면 채 썬 애호박면을 넣고 소금을 뿌린 뒤 다시 잘 섞으며 볶습니다.

5
불을 끄고 아보카도 크림소스를 넣어 고루 섞습니다.

6
접시에 옮겨 담고 파슬리가루를 뿌립니다.

DANO's TIP

애호박은 볶을수록 달콤한 맛이 올라오기 때문에 특별한 조미료가 필요 없어요.

BOOSTER · 과식한 다음 날, 가볍게 먹고 싶을 때

오트밀 토달볶

기존 토마토 달걀 볶음 레시피에 오트밀을 더한 메뉴예요. 스크램블드에그에 오트밀과 물을 더하면 부족한 탄수화물을 보충해 줄 뿐 아니라 따로 우유를 넣지 않아도 부드럽고 촉촉하게 완성이 된답니다.

Ingredients

오트밀 1큰술
대파 10cm
방울토마토 5개
달걀 2개
포도씨유 적당량
물 3큰술
카레가루 1/3큰술
허브가루 약간
후추 약간

How to cook

1
그릇에 오트밀과 달걀, 물, 카레가루, 허브가루, 후추를 넣고 골고루 섞습니다.

2
방울토마토는 꼭지를 제거한 후 반으로 자르고 대파는 잘게 송송 썹니다.

3
팬에 포도씨유를 충분히 두르고 대파를 넣어 약한 불에서 볶아 먼저 파기름을 충분히 낸 뒤 방울토마토를 넣고 껍질이 터져 즙이 나올 때까지 볶습니다.

4
방울토마토를 팬의 한쪽으로 옮기고 약한 불에서 남은 팬 한쪽에 ①을 넣어 스크램블을 만듭니다.

5
스크램블이 어느 정도 익으면 불을 끄고 토마토와 함께 가볍게 섞은 뒤 접시에 옮겨 담습니다.

DANO's TIP

볶을 때 배어 나오는 파기름과 토마토의 즙을 잘 섞는 것이 감칠맛의 포인트!

BOOSTER 과식한 다음 날, 가볍게 먹고 싶을 때

낫토 삼합

낫토는 미끈미끈한 식감 때문에 호불호가 있지만 발효한 콩을 손쉽게 섭취할 수 있어 다이어트에는 아주 요긴한 식품이에요. 생으로 먹으면 좋은 낫토를 거부감 없이 맛있게 먹을 수 있는 삼합 레시피로 도전해 보세요.

Ingredients

낫토 1팩(100g)
아보카도 1/2개
달걀 1개
대파 10cm
연겨자 1/3큰술
포도씨유 적당량
레몬즙 1큰술
발사믹 식초 1큰술
고춧가루 1/2큰술

How to cook

1
아보카도는 슬라이스하고 대파는 송송 썹니다.

2
볼에 낫토와 다진 대파, 연겨자, 레몬즙, 발사믹 식초, 고춧가루를 넣고 잘 섞습니다.

3
팬에 포도씨유를 두르고 달걀을 넣어 반숙으로 프라이합니다.

4
접시에 아보카도와 낫토를 담고 달걀 프라이를 올립니다. 잘 섞어 먹습니다.

DANO's TIP

낫토 대신 명란젓이나 참치로 대체해도 좋아요.

BOOSTER · 과식한 다음 날, 가볍게 먹고 싶을 때

세모야 스튜

'세상의 모든 야채'를 뜻하는 세모야 스튜입니다. 양을 넉넉하게 끓여 놓으면 2~3일 내내 식단 걱정 없이 맛있게 먹을 수 있다는 장점이 있어요. 취향에 따라 고춧가루를 적당히 넣으면 칼칼한 감칠맛이 더해집니다.

Ingredients

양파 40g
당근 30g
양배추 30g
감자 30g
셀러리 10cm(선택)
올리브유 3큰술
다진 마늘 1/2큰술

소스
야채수(40p) 360g
토마토소스(38p) 5큰술
발사믹 식초 1큰술
고춧가루 1/2큰술(선택)
허브가루 약간
소금 약간

How to cook

1
모든 채소는 한입 크기로 썹니다.

2
냄비에 올리브유를 두르고 다진 마늘과 양파를 넣어 중간 불에서 갈색이 될 때까지 볶습니다.

3
나머지 채소를 넣고 1분간 잘 섞으며 볶습니다.

4
소스 재료를 모두 넣고 잘 섞은 뒤 뚜껑을 덮어 중간 불에서 10분간 푹 끓입니다.

DANO's TIP
원하는 채소를 모두 넣고 푹 익히기만 하면 되니 냉장고에 남은 자투리 채소를 모두 활용해 보세요!

BOOSTER 과식한 다음 날, 가볍게 먹고 싶을 때

한입 버섯 마르게리타

토마토와 모차렐라 치즈, 바질로 만드는 마르게리타 피자의 밀가루 도우를 버섯으로 대체한 똑똑한 레시피입니다. 자꾸만 손이 가는 사이즈와 예쁜 모양이 일품이에요. 손님상에 놓는 핑거푸드 음식으로도 강력 추천해요.

Ingredients

양송이버섯 7송이
올리브유 2큰술
토마토소스(38p) 4큰술
모차렐라 치즈 30g
파슬리가루 약간
트러플오일 약간(선택)

How to cook

1
양송이버섯은 흐르는 물에 살짝 씻은 뒤 꼭지를 제거합니다.
👉 꼭지는 버리지 말고 나중에 토마토소스나 수프를 만들 때 넣어 활용해 보세요.

2
팬에 올리브유를 두르고 약한 불에서 살짝 달군 뒤 양송이버섯의 안쪽 면이 팬에 닿도록 올려 1분간 굽습니다.

3
양송이버섯을 뒤집고 오목한 안쪽 면에 토마토소스를 가득 담습니다.

4
모차렐라 치즈를 적당량 올리고 뚜껑을 덮어 치즈가 녹을 때까지 익힙니다. 접시에 옮겨 담고 파슬리가루와 트러플오일을 뿌립니다.

DANO's TIP

요리 중 양송이버섯에 고이는 물은 버리지 마세요. 완성된 요리에 끼얹으면 풍미가 더욱 좋아지거든요.

알배추 겉절이 샐러드

 5 min

한식에는 채소를 활용한 훌륭한 다이어트 요리가 많아요. 그중에서도 겉절이는 매운맛과 짠맛만 조절하면 샐러드를 대체하는 요리가 됩니다. 단독으로 먹어도 좋고, 느끼함을 잡아 주는 사이드 메뉴로도 대활약할 거예요.

Ingredients

알배추 100g
부추 20g
방울토마토 5개

소스
참기름 1/2큰술
물 1큰술
레몬즙 1큰술
참치액젓 1/2큰술
통깨 1/2큰술
고춧가루 1/2큰술
스테비아 1/3큰술

How to cook

1
방울토마토는 반으로 자르고 알배추와 부추는 한입 크기로 썹니다.

2
볼에 소스 재료를 모두 넣고 잘 섞습니다.

3
큰 볼에 손질한 채소와 소스를 넣고 골고루 버무립니다.

DANO's TIP
꼭 알배추가 아니더라도 봄동과 같은 계절 채소를 활용해 만들기 좋답니다.

두부 요거트

믹서기 하나로 단숨에 만드는 비건 요거트입니다. 요거트 메이커도 필요 없고, 까다로운 온도 체크도 필요 없으며, 긴 발효 시간이 걸리지도 않습니다. 유당불내증을 가진 분들이라면 더욱 좋아할 레시피예요.

Ingredients

연두부 250g
구운 캐슈너트 30g
레몬즙 2큰술
스테비아 1/2큰술

How to cook

1
믹서기에 재료를 모두 넣고 곱게 갑니다.

2
그릇에 옮겨 담고 그래놀라나 견과류, 과일 등 원하는 토핑을 곁들입니다.
👉 냉장고에 두어 차갑게 먹으면 더욱 맛있어요.

단호박 에그슬럿

탄단지를 대표하는 건강 재료들이지만 맛은 단짠단짠해 다이어트식이 맞는지 헷갈릴 만큼 맛있는 메뉴예요. 단호박만 잘 익혀 놓으면 3분 안에 만들 수 있는 퀵 레시피이니 시간이 없어 식단을 챙길 엄두가 나지 않던 분들에게 강추해요.

Ingredients

찐 단호박 100g
달걀 1개
모차렐라 치즈 50g
올리고당 1큰술
후추 약간

How to cook

1

오목한 그릇에 찐 단호박을 담습니다.
👉 생단호박이라면 손질한 뒤 한입 크기로 잘라 물을 자작하게 붓고 전자레인지에 넣어 5분 돌려 준비해요.

2

달걀을 깨트려 넣고 올리고당과 후추, 모차렐라 치즈를 올립니다.

3

포크로 달걀노른자를 살짝 터트린 뒤 전자레인지에 넣어 3분간 돌립니다.
👉 미리 달걀노른자를 터트려야 전자레인지 안에서 터지는 일이 없어요.

DANO's TIP

단호박이 없다면 고구마나 감자로 만들어도 좋습니다.

BOOSTER · 과식한 다음 날, 가볍게 먹고 싶을 때

연어 세비체

15 min

생선 살이나 새우, 오징어 등을 작게 잘라 레몬 혹은 라임즙에 재운 후 다진 채소와 함께 먹는 페루식 회무침을 다노 스타일로 쉽게 만들었어요. 분위기도 입맛도 살리는 전채 요리로, 때로는 칼로리 부담 없는 안주로 다양하게 즐겨 보세요.

Ingredients

연어 50g
파프리카 40g
양파 40g
방울토마토 4개
셀러리 10cm(오이로 대체 가능)

소스
레몬즙 3큰술
다진 마늘 1/2큰술
올리브유 2큰술
스테비아 1/2큰술
파슬리가루 약간
후추 약간

How to cook

1
큰 볼에 소스 재료를 모두 넣어 잘 섞습니다.

2
연어는 흐르는 물에 씻어 키친타월로 물기를 제거한 뒤 한입 크기로 썹니다.

3
소스가 든 볼에 손질한 연어를 넣고 버무린 뒤 냉장고에 넣어 10분간 재웁니다.

4
파프리카와 양파, 방울토마토, 셀러리를 모두 사방 1cm 크기로 작게 썹니다.

5
볼에 나머지 채소를 모두 넣고 잘 섞은 뒤 접시에 옮겨 담습니다.

DANO's TIP

익히지 않은 생선 살에 레몬즙이나 라임즙을 넣으면 산 성분이 변질을 막아 주고, 식감도 쫄깃하게 만들어 준답니다.

BOOSTER 과식한 다음 날, 가볍게 먹고 싶을 때

오트밀 미역 들깨죽

미역국과 오트밀의 조합이라니? 생소하지만 마치 사골 미역국을 끓인 듯 정말 부드럽고 고소해요. 여기에 들깻가루를 넣으면 휘리릭 끓였다는 사실을 잊을 만큼 깊은 감칠맛을 느낄 수 있답니다.

Ingredients

소고기(국거리용) 50g
오트밀 4큰술
마른 미역 5g
다진 마늘 1/2큰술
참기름 2큰술
물 540g
멸치액젓 1큰술
들깻가루 2큰술
소금 약간

How to cook

1
미지근한 물에 미역을 넣어 10분 이상 불립니다. 불린 미역은 흐르는 물에 살짝 씻고 물기를 꼭 짜냅니다.
👉 자른 미역이 아니라면 먹기 좋게 가위로 잘라 주세요!

2
팬에 참기름을 두르고 다진 마늘과 소고기를 넣어 핏기가 보이지 않을 때까지 중간 불에서 약 1분간 볶습니다.

3
불린 미역을 넣고 1분간 더 볶다가 물과 오트밀, 들깻가루를 넣고 뚜껑을 덮어 10분간 푹 끓입니다.
👉 미역과 소고기는 오래 끓일수록 좋아요. 대신 물을 조금 넉넉히 부어 주세요.

4
액젓을 넣고 소금으로 간을 한 뒤 1분간 더 끓입니다.

닭가슴살 콜드 파스타

15 min

전날 미리 만들어 냉장 보관했다 다음 날 점심 도시락으로 가져가기에도 부담 없는 간편한 콜드 파스타를 소개할게요. 곁들이는 채소는 본인의 기호나 냉장고 사정에 맞게 얼마든지 바꿔 넣으세요.

Ingredients

통밀 푸실리 50g
닭가슴살 50g
브로콜리 50g
방울토마토 5개
양파 40g
파르메산 치즈 1큰술

소스

다진 마늘 1/2큰술
핫소스 1큰술
올리브유 1큰술
올리고당 1/2큰술
발사믹 식초 2큰술
레몬즙 1큰술
후추 약간

How to cook

1
끓는 물에 통밀 푸실리를 넣어 9분간 삶습니다.
👉 통밀 파스타는 일반 파스타보다 딱딱해 1~2분 더 끓여야 해요.

2
방울토마토는 반으로 자르고 양파는 얇게 슬라이스합니다. 닭가슴살은 손으로 잘게 찢고 브로콜리는 한입 크기로 자릅니다.

3
푸실리가 익으면 체에 밭쳐 물기를 빼고 한 김 식힙니다. 이때 푸실리 삶은 물은 따로 냄비에 담아 둡니다.
👉 식힐 때 올리브유 1큰술을 뿌려 섞어 두면 면끼리 서로 달라붙지 않아요.

4
푸실리 삶은 물에 손질한 브로콜리를 넣어 1분간 삶고 체에 밭쳐 물기를 제거합니다.

5
작은 볼에 소스 재료를 모두 넣고 잘 섞습니다.

6
오목한 접시에 푸실리를 담고 브로콜리와 닭가슴살, 방울토마토, 양파를 올립니다. 파르메산 치즈를 뿌리고 소스를 곁들입니다.

DANO's TIP

닭가슴살 대신 차갑게 먹어도 좋은 새우나 익힌 해산물을 넣어 보세요.

게맛살 달걀 볶음밥

마땅한 반찬이 없을 때 만드는 퀵 레시피입니다. 기름을 넉넉히 두르고 파를 볶아 파기름을 최대한 내면 중국집에서 먹는 볶음밥 맛이 나요. 라면만큼 간단한 요리지만 알고 보면 영양소가 고루 들어 있는 메뉴랍니다.

Ingredients

현미밥 150g
게맛살 60g
대파 10cm
달걀 1개
굴소스 1/2큰술
참기름 1큰술
포도씨유 적당량
카레가루 1/2큰술
통깨 약간
후추 약간

How to cook

1
대파와 게맛살은 송송 썹니다.

2
볼에 달걀을 깨트려 넣고 카레가루와 후추를 넣어 젓가락으로 잘 섞어 달걀물을 만듭니다.

3
팬에 포도씨유를 넉넉히 두른 뒤 대파를 넣고 중간 불에서 볶아 파기름을 냅니다.

4
게맛살을 넣고 잘 섞으며 볶습니다.

5
팬 한쪽에 볶은 재료를 밀어 둔 뒤 달걀물을 넣고 스크램블을 만듭니다.
👉 달걀을 먼저 익히고 밥을 넣어야 질어지지 않아요.

6
팬에 현미밥과 굴소스를 넣고 모든 재료와 잘 섞으며 고슬고슬하게 볶습니다.
👉 즉석밥을 사용한다면 데우지 않은 상태로 바로 넣으세요.

7
불을 끄고 접시에 옮겨 담은 뒤 참기름과 통깨를 뿌립니다.

DANO's TIP
참기름은 뜨거운 온도에서 쉽게 산패되므로 요리의 마지막에 뿌려야 참기름 고유의 향을 유지하면서도 영양소를 최대한 파괴하지 않고 섭취할 수 있습니다.

BOOSTER · 과식한 다음 날, 가볍게 먹고 싶을 때

Special Page

과식하는 습관, 고칠 수 있을까요?

"혼자서는 식단 관리를 잘 하는데 식사 약속에서 가끔 정신줄을 놓고 음식을 마구 먹어 치워요. 매번 먹고 나서 자책하죠. 과식하는 습관, 고칠 수 있을까요?"

맛있는 음식을 사람들과 함께 즐기는 것은 단순히 생존을 위한 영양소를 채우는 행위를 넘어서 인생에서 배제할 수 없는 중요한 활동이에요. 생일을 축하하고, 집에 누군가를 초대하고, 새로운 인연을 환영하고, 신년을 맞이하는 순간…. 동서고금을 막론하고 인류가 관계를 돈독히 하고 서로를 위하는 마음을 표현해 온 수단은 '함께 나누는 풍성한 음식'이니까요. 그렇기 때문에 과식의 순간은 앞으로도 늘 찾아올 수 있어요. 그러므로 우선 과식의 빈도를 줄이는 연습을 해 보세요. 일주일에 5번에서 3번으로, 그 다음에는 1번으로 점차 줄여 보세요. 과식이 기본 식사량이 되지 않게 하는 노력이 필요해요.

① 과식 사전 예방하기

'왜 그렇게 많이 먹었을까?'가 아닌
'어떤 영양소를 덜 먹었기에 내 몸이 결핍을 느꼈을까?'로 생각을 전환해 보세요!

과식을 예방하려면 우선 내 뇌가 왜 홀린 듯이 음식을 입으로 가져가게 명령하는지 이해해야 해요. 우리 뇌는 음식의 모양과 맛, 향을 생존을 위한 필수적인 신호로 받아들입니다. 잘 익은 과일이나 살이 오른 제철 생선은 유독 맛있지요. 자연 속에서 우리의 미뢰는 더 영양이 풍부하고, 몸에 좋은 음식을 맛있게 느끼도록 진화해 왔기 때문이에요.

그런데 가공된 음식을 만들어 먹기 시작하면서 이 공식이 더 이상 유효하지 않게 되었어요. 정제된 탄수화물, 엄청난 양의 설탕과 나트륨, 인공향미료로 공장에서 찍어져 나오는 자극적인 음식들은 아주 강렬한 맛을 내지만 원래의 영양소는 파괴되거나 사라져 우리 몸에 꼭 필요한 영양소를 챙겨 주지 못해요.

따라서 많은 음식을 먹었지만 뭔가 더 먹고 싶다는 건 사실 필요한 미량영양소가 부족하다는 내 몸의 간절한 신호예요. 그렇기에 필요한 영양소를 골고루 챙겨 먹기만 해도 과식을 예방하고 적은 양을 먹어도 만족스러운 식사를 할 수 있어요.

MOVE MOVE!
▶ 다노의 고강도 인터벌 트레이닝

② 과식 사후 대처하기

과식을 했어도 좌절하지 마세요. 만회할 수 있는 3번의 골든타임이 있으니까요!

첫 번째 골든타임 ▶ ⏱ 과식 후 1시간 이내

식사 약속이 보통 한 번에 끝나지 않기 때문에, 1차에서 과식을 했다면 '에라 모르겠다, 오늘은 망했다!'의 심정으로 2차, 3차 과식으로 이어지기 일쑤입니다. 하지만 매 끼니, 매 순간이 위기이자 기회라고 생각하면 1차로만 끝낼 수 있어요. 방금 내가 어떤 음식을 얼마나 먹었는지 휴대폰을 켜서 메모장이나 앱에 자세하게 적어 보세요. 기록하는 행위는 '나도 모르게', '홀린 듯이' 먹던 행위에서 잠시 떨어져 나와 객관적인 시선을 가지게 해 줍니다.

두 번째 골든타임 ▶ ⏱ 과식 후 24시간 이내

과식한 다음 날은 내 몸에 잉여 탄수화물이 쌓여 있는 상태예요. 긍정적으로 보면 평소에 하기 힘든 고강도 트레이닝을 하기에 최적의 상태이기도 해요. 자동차도 자주 멈출수록 연비 소모가 많은 것처럼 우리 몸도 인터벌 트레이닝을 통해서 폭발적으로 칼로리를 소모할 수 있어요.

+ 다노의 고강도 인터벌 트레이닝은 상단 QR코드를 참고해 주세요!

세 번째 골든타임 ▶ ⏱ 과식 후 48시간 이내

과식 후 48시간 동안은 또 과식할 수 있는 여지를 만들지 않는 것이 가장 중요해요. 하루에 2L의 충분한 물을 마시고, 식사 시 식이섬유 비율을 평소보다 1.5배 늘려 과식으로 인해 피로해진 소화기관들이 휴식하고 원활히 배출할 수 있게 도와 주세요.

운동한 날,
단백질 듬뿍 채우고 싶을 때

2

PROTEIN

크림 시금치 연어

저탄수를 지향하는 키토식 메뉴입니다. 연어는 100g당 20g의 단백질이 들어 있는 고단백 식품으로 닭가슴살이 지겨울 때 대체하기 좋아요. 크림소스와 시금치가 곁들여져 부드러우면서도 고급스러운 연어 요리를 만들 수 있어요.

Ingredients

스테이크용 연어 100g

시금치 50g

레몬 1/2개(레몬즙 40g으로 대체 가능)

다진 마늘 1/2큰술

우유 100g

올리브유 4큰술

허브가루 약간

소금 약간

후추 약간

How to cook

1

연어는 흐르는 물에 가볍게 씻어 키친타월로 물기를 제거하고 소금과 후추로 밑간한 뒤 레몬을 짜 즙을 뿌려 5분간 재웁니다.

☞ 슬라이스한 레몬을 올려 둬도 좋아요.

2

팬에 올리브유를 두르고 충분히 예열이 되면 연어를 올려 중간 불에서 밑면을 바싹하게 굽고 팬에서 꺼내 따로 둡니다.

☞ 이때 팬 위의 기름을 연어 위에 끼얹으면서 뒤집지 않고 윗면과 옆면을 살짝 익힙니다. 추후 다시 익히므로 완전히 익히지 않아도 괜찮아요.

3

팬에 남은 기름에 다진 마늘을 넣고 중간 불에서 살짝 노릇해질 때까지 볶다가 시금치를 넣어 다시 1분간 볶습니다.

4

팬에 우유와 허브가루, 소금을 넣고 약한 불로 줄여 2분간 졸입니다.

5

소스가 어느 정도 졸아들면 연어를 올리고 소스를 끼얹으며 2분간 더 익힙니다.

아스파라거스 소고기말이

아스파라거스를 소고기로 예쁘게 감싸 보기에도 좋고 맛도 좋은 메뉴입니다. 밥 대신 팽이버섯을 듬뿍 볶아 곁들이면 포만감을 주면서도 느끼함이 싹 가신답니다. 도시락 메뉴로도 안성맞춤이에요.

Ingredients

소고기(불고기용) 100g
아스파라거스 6개
팽이버섯 100g
올리브유 2큰술
참기름 1큰술
맛술 1큰술
간장 1/2큰술
후추 약간

How to cook

1
소고기는 사방 10cm 크기로 넓게 자르고 맛술과 후추를 뿌려 밑간합니다.

2
소고기 위에 아스파라거스를 올리고 돌돌 말아 감쌉니다.

3
팬에 올리브유를 두르고 소고기를 감은 아스파라거스와 팽이버섯을 올린 뒤 중간 불에서 골고루 뒤집어 가며 익힙니다.

4
소고기가 거의 익으면 간장과 참기름을 두르고 1~2분간 앞뒤로 자작하게 익힙니다.

PROTEIN 운동한 날, 단백질 듬뿍 채우고 싶을 때

팔라펠 샐러드

 15 min

팔라펠은 병아리콩을 갈아 반죽해 만든 비건식 완자예요. 보통 샐러드나 샌드위치에 넣어 먹지요. 오이와 토마토, 요거트의 청량감이 느껴지는 샐러드와 함께 곁들여 핫플레이스에서 외식하는 기분을 내 볼까요?

Ingredients

오이 1/2개
방울토마토 5개
포도씨유 적당량
올리브유 1큰술
레몬즙 1큰술
후추 약간

팔라펠 반죽
익힌 병아리콩 100g
다진 마늘 1/2큰술
오트밀 1큰술
카레가루 1큰술
후추 약간
고수 또는 파슬리 잎 약간
(선택)

소스
그릭요거트 2큰술
올리고당 1큰술
고수 또는 파슬리 잎 약간
(선택)

DANO's TIP

병아리콩에 카레가루를 섞으면 색을 내고 간도 맞춰 주는 역할을 해요.

How to cook

1
병아리콩은 체에 밭쳐 물기를 제거한 뒤 믹서기에 넣어 곱게 갑니다.

2
큰 볼에 곱게 간 병아리콩과 나머지 팔라펠 반죽 재료를 모두 넣고 잘 섞어 반죽을 만듭니다.

3
팔라펠 반죽은 한입 크기로 뭉친 뒤 키친타월에 올려 가볍게 물기를 제거합니다.

4
팬에 포도씨유를 넉넉히 두르고 팔라펠 반죽을 올려 중간 불에서 골고루 익힙니다.

5
오이는 한입 크기로 반달썰기하고, 방울토마토는 반으로 자릅니다.

6
볼에 손질한 오이와 방울토마토, 올리브유, 레몬즙, 후추를 넣고 잘 섞어 샐러드를 만듭니다.

7
작은 볼에 소스 재료를 모두 넣고 잘 섞어 소스를 만듭니다.

8
넓은 그릇에 샐러드와 익힌 팔라펠을 담고 소스를 곁들입니다.

크림 닭가슴살 스테이크

음식 영화로 유명한 〈줄리 & 줄리아〉 속 먹음직스러운 메뉴를 다노하게 변형한 레시피예요. 기존 레시피에는 다량의 버터와 동물성 생크림, 와인이 들어가지만 우리는 올리브유와 두유, 간장을 사용해 가볍고 건강하게 만들어 봐요.

Ingredients

닭가슴살 100g
양송이버섯 2송이
양파 40g
청양고추 1개
다진 마늘 1/2큰술
올리브유 2큰술

소스

파르메산 치즈 1큰술
우유 100g
간장 1큰술
후추 약간
파슬리가루 약간

How to cook

1
청양고추는 어슷하게 썰고, 양송이버섯과 양파는 얇게 슬라이스합니다.

2
닭가슴살은 사선으로 칼집을 냅니다.

3
작은 볼에 소스 재료를 모두 넣고 잘 섞습니다.

4
팬에 올리브유를 두르고 다진 마늘과 양파, 양송이버섯, 청양고추를 넣어 중간 불에서 잘 섞으며 볶습니다.

5
소스와 닭가슴살을 순서대로 넣고 중간 불에서 되직해질 때까지 5분간 졸입니다.

PROTEIN — 운동한 날, 단백질 듬뿍 채우고 싶을 때

땅콩 두부 포케

10 min

생선회를 깍둑썰어 넣는 하와이식 '포케'를 편의점만 다녀와도 만들 수 있는 퀵 메뉴로 즐겨 보세요. 게맛살, 두부, 땅콩 모두 단백질이 듬뿍 들어 있어 궁극의 단백질 한 그릇이 완성돼요. 밥 없이도 포만감이 엄청나답니다.

Ingredients

두부(부침용) 150g
게맛살 50g
파프리카 40g
샐러드채소 1줌
포도씨유 적당량

소스
땅콩버터 1큰술
참기름 1큰술
올리고당 1/2큰술
핫소스 1/2큰술
레몬즙 1큰술
간장 1/2큰술

How to cook

1
두부는 사방 1cm 크기로 썰고, 파프리카와 샐러드채소는 한입 크기로 자릅니다. 게맛살은 손으로 잘게 찢습니다.

2
작은 볼에 소스 재료를 담고 잘 섞습니다.

3
팬에 포도씨유를 두르고 두부를 올려 중간 불에서 바싹 굽습니다.

4
접시에 구운 두부와 손질한 채소, 게맛살을 올린 뒤 소스를 뿌립니다.
👉 작은 컵에 소량씩 담아 냉장 보관해 두고 그때그때 꺼내 먹어도 좋아요.

DANO's TIP

이 메뉴의 포인트는 고소하면서도 새콤달콤한 땅콩소스입니다. 땅콩버터에 가당이 되어 있다면 올리고당을 생략하세요.

PROTEIN — 운동한 날, 단백질 듬뿍 채우고 싶을 때

두닭두닭 스테이크

식물성 단백질인 두부와 동물성 단백질인 닭고기가 만난 단백질 끝판왕 레시피입니다. 여기에 각종 채소까지 들어가 한 끼 식사로 참 좋은 메뉴예요. 한 번에 넉넉히 만들어 냉동 보관해 두면 언제든 꺼내 먹을 수 있어 마음도 든든해요.

Ingredients

닭가슴살 100g
두부 100g
당근 20g
대파 10cm
달걀노른자 1개
포도씨유 적당량
감자전분 1큰술
소금 약간
후추 약간

How to cook

1
두부는 키친타월에 올려 물기를 제거합니다.
👉 손으로 물기를 꼭 짜도 좋아요. 물기를 최대한 없애야 반죽이 잘 뭉쳐진답니다.

2
비닐에 두부를 넣고 손으로 눌러 고루 으깹니다.

3
당근과 닭가슴살, 대파는 작게 다지듯 썹니다.

4
큰 볼에 으깬 두부와 다진 닭가슴살과 채소, 달걀노른자, 감자전분, 소금, 후추를 넣고 잘 섞습니다.

5
잘 섞은 반죽을 한입 크기로 떼어 내 납작하고 둥근 스테이크 모양을 만듭니다.
👉 이때 손에 기름을 살짝 묻히면 반죽이 손에 들러붙지 않아요.

6
팬에 포도씨유를 두르고 반죽을 올린 뒤 뚜껑을 덮고 중간 불에서 앞뒤로 노릇하게 굽습니다.
👉 샐러드를 곁들이면 더욱더 좋아요.

게맛살 두부밥

15 min

이북식 유부초밥인 '두부밥'을 다이어트식으로 재해석한 요리예요. 탄수화물을 줄이기 위해 다노 레시피에서는 밥을 빼고 게맛살로 속을 채워 감칠맛도 끝내준답니다. 평소 두부를 즐겨 먹는다면 꼭 한번 만들어 보세요.

Ingredients

두부(부침용) 1모
게맛살 90g
포도씨유 적당량

소스
참기름 1큰술
올리고당 1/2큰술
홀그레인 머스타드 1/2큰술
간장 1/2큰술
통깨 1/2큰술

How to cook

1
두부를 삼각형 모양으로 사등분한 뒤 키친타월에 올려 물기를 제거합니다.

2
팬에 포도씨유를 넉넉히 두르고 두부를 올려 사방이 노릇노릇해질 때까지 중간 불에서 잘 뒤집어 굽습니다.

3
구운 두부는 키친타월에 올려 한 김 식힙니다.

4
볼에 소스 재료를 모두 담고 잘 섞어 소스를 만듭니다.

5
게맛살을 손으로 잘게 찢어 소스와 잘 섞습니다.

6
식힌 두부의 긴 옆면에 적당히 칼집을 넣은 뒤 속을 벌려 양념한 게맛살을 채웁니다.

DANO's TIP
게맛살 대신 닭가슴살을 잘게 찢어 넣거나 참치 등으로 대체해도 좋아요.

PROTEIN · 운동한 날, 단백질 듬뿍 채우고 싶을 때

닭가슴살 가지 보트 피자

 15 min

안토시아닌과 칼륨이 풍부해 혈관의 노폐물 제거와 붓기에 효과적인 가지를 피자 도우처럼 활용해 근사한 요리를 만들어 보세요. 가지를 싫어하는 이들도 금세 접시를 비우는 마법 같은 맛이랍니다.

Ingredients

닭가슴살 100g
가지 1/2개
모차렐라 치즈 20g
토마토소스(38p) 4큰술
올리브유 2큰술
후추 약간
파슬리가루 약간

How to cook

1
가지는 숟가락으로 속을 최대한 파냅니다.
👉 이때 너무 깊게 파면 가지가 찢어질 수 있으니 주의해요.

2
파낸 가지 속과 닭가슴살을 사방 1cm 크기의 사각형 모양으로 자릅니다.

3
가지 안쪽에 토마토소스 2큰술을 바릅니다.

4
작게 자른 가지 속과 닭가슴살을 넣어 가지 속을 채우고 나머지 토마토소스 2큰술을 위에 올립니다.

5
모차렐라 치즈와 후추, 파슬리가루를 순서대로 뿌립니다.

6
팬에 올리브유를 두르고 가지를 올린 뒤 뚜껑을 덮고 중간 불에서 치즈가 녹을 때까지 익힙니다.

DANO's TIP

• 가지는 수분이 많아 반드시 랩이나 비닐로 잘 감싼 뒤 상온에 보관하세요. 저온에 약해 냉장 보관 시 속살이 검게 변할 수 있어요.
• 가지 대신 애호박, 고구마처럼 속을 파낼 수 있는 채소로 대체 가능해요.

PROTEIN · 운동한 날, 단백질 듬뿍 채우고 싶을 때

갈릭 새우 볶음밥

10 min

레몬의 상큼함과 마늘의 감칠맛에 매콤함까지 더한 새우 요리입니다. 콜리플라워 라이스로 탄수화물을 줄였어요. 요즘은 마트에서 냉동 생새우살을 쉽게 구할 수 있으니 닭가슴살이 질릴 때 좋은 단백질 대체 재료로 활용해 보세요.

Ingredients

콜리플라워 라이스(42p) 100g
생새우살 80g
마늘 4개
올리브유 3큰술
소금 약간
후추 약간

소스

다진 마늘 1/2큰술
핫소스 1/2큰술
레몬즙 1큰술
스테비아 1/2큰술
파슬리가루 약간

How to cook

1
새우는 흐르는 물에 씻고 키친타월에 올려 물기를 제거한 뒤 소금과 후추를 살짝 뿌려 밑간합니다. 마늘은 편으로 썹니다.

2
작은 볼에 소스 재료를 모두 담고 잘 섞습니다.

3
팬에 올리브유를 두르고 마늘을 넣어 약한 불에서 갈색빛이 될 때까지 볶습니다.

4
새우를 넣고 중간 불에서 잘 섞으며 볶습니다.

5
새우가 익으면 소스와 콜리플라워 라이스를 넣고 1분간 더 볶습니다.

DANO's TIP

콜리플라워 라이스 대신 파스타를 넣으면 매콤한 알리오 올리오로 변신!

단호박 부추 오리 볶음

불포화지방산과 단백질 모두 풍부한 오리고기와 단호박을 부추와 함께 볶아 보세요. 이 메뉴의 포인트는 함께 곁들이는 상큼한 특제 겨자소스랍니다. 영양과 맛 모두 잡은 특별식이니 먹어 보면 자꾸 생각날 거예요.

Ingredients

훈제 오리고기 100g
단호박 100g
부추 50g
양파 40g
파프리카 1/4개
다진 마늘 1/2큰술
포도씨유 적당량

소스

연겨자 1/2큰술
참기름 1큰술
올리고당 1/2큰술
레몬즙 1큰술
간장 1/2큰술
들깻가루 1/2큰술

How to cook

1
단호박을 한입 크기로 썰어 그릇에 담고 물을 살짝 뿌린 뒤 전자레인지에 넣어 3분간 익힙니다.

2
파프리카와 양파, 부추는 한입 크기로 먹기 좋게 자릅니다.

3
팬에 포도씨유를 두르고 다진 마늘과 양파를 올려 중간 불에서 볶습니다.

4
양파가 투명해지면 훈제 오리고기와 단호박, 파프리카를 넣고 5분간 더 볶습니다.

5
가장 마지막에 부추를 넣고 1분간 볶은 뒤 접시에 옮겨 담습니다.

6
작은 볼에 소스 재료를 모두 넣고 잘 섞어 곁들입니다.

DANO's TIP

오리고기는 찬 성질을 가진 육류인 데 반해 부추는 따뜻한 성질을 가지고 있어 상호 보완이 되는 최고의 궁합! 부추가 오리고기의 잡내도 없애 주니 환상의 짝꿍이죠.

냉채 골뱅이 무침

골뱅이는 지방 함량이 낮은 훌륭한 고단백 재료입니다. 고추장 대신 간장 베이스로 깔끔하게, 소면 대신 두부면과 숙주를 넣어 늦은 저녁에도 부담 없이 먹을 수 있어요. 가벼운 술안주가 필요할 때 추천해요.

Ingredients

두부면 50g
골뱅이 80g
숙주 50g
양파 40g
대파 10cm

소스

다진 마늘 1/2큰술
연겨자 1큰술
올리고당 1/2큰술
골뱅이 국물 4큰술
식초 3큰술
간장 1큰술
통깨 1큰술

How to cook

1
양파와 대파는 얇게 슬라이스한 뒤 찬물에 10분간 담가 매운맛을 제거합니다.

2
내열 용기에 숙주와 약간의 물을 담아 전자레인지에 넣고 20~30초간 돌려 살짝 숨이 죽을 정도로 익힙니다.
👉 이때 너무 오래 돌리면 아삭함이 사라져요!

3
익힌 숙주는 흐르는 물에 씻고 체에 밭쳐 물기를 제거합니다.

4
두부면은 충진수를 제거한 후 흐르는 물에 씻고 체에 밭쳐 물기를 제거합니다.

5
큰 볼에 먼저 소스 재료를 모두 넣고 잘 섞은 뒤 골뱅이와 두부면, 손질한 채소를 넣고 다시 섞습니다.
👉 양념에 버무리기 전 재료의 물기를 완전히 빼는 것이 관건! 물기가 없을수록 양념 맛이 살아나 맛있어요.

DANO's TIP

어제 시킨 족발이 애매하게 남았다면? 골뱅이 대신 넣어보세요. 꼭 식당에서 파는 것 같은 냉채 족발 완성!

PROTEIN · 운동한 날, 단백질 듬뿍 채우고 싶을 때

버섯 들깨 순두부

식단 관리 중이라면 새빨간 순두부찌개 대신 슴슴하고 고소한 들깨 순두부 어떨까요? 사 먹는 음식은 간이 센 경우가 많으니 직접 만들어 보세요. 여기에 약간의 오트밀을 추가하면 밥을 따로 먹지 않아도 든든합니다.

Ingredients

순두부 180g
오트밀 4큰술
느타리버섯 50g
대파 10cm
달걀 1개
다진 마늘 1/2큰술
참기름 2큰술
야채수(40p) 360g
국간장 1큰술
들깻가루 3큰술

How to cook

1
대파는 송송 썰고 느타리버섯은 손으로 두세 가닥씩 찢습니다.

2
냄비에 참기름을 두르고 다진 마늘과 대파, 버섯을 넣고 잘 섞으며 볶습니다.

3
냄비에 야채수와 순두부, 오트밀, 들깻가루를 넣고 순두부를 고루 으깨며 중간 불에서 5분간 끓입니다.

4
달걀을 깨트려 넣고 젓가락으로 휘저어 잘 풀어 준 뒤 국간장으로 간을 맞춥니다.

DANO's TIP

일반 간장 vs 국간장
국간장은 요리의 색을 해치지 않고 깔끔하게 간을 맞추는 용도로 사용합니다. 따라서 국이나 나물무침에 사용하기 좋아요. 국과 무침 요리 외에는 일반적으로 양조간장이나 진간장 둘 중 하나를 사용하면 됩니다. 국간장은 일반 간장보다 염도가 높으니 양 조절 시 참고하세요.

부추 닭죽

15 min

이유 없이 피곤할 때, 보양식이라고 하는 음식들을 먹으면 왠지 모르게 힘이 나요. 간편하지만 오랜 시간 푹 끓인 듯 맛있고 담백한 닭죽 레시피를 소개합니다. 삼계탕의 칼로리를 생각하면 정말 천사 같은 레시피가 아닐 수 없어요.

Ingredients

오트밀 3큰술
닭가슴살 100g
당근 30g
부추 30g
물 450g
치킨스톡 5~7g
참기름 1큰술
후추 약간

How to cook

1
부추와 당근은 잘게 다집니다. 닭가슴살은 결 방향대로 손으로 찢어 준비합니다.

2
냄비에 물과 치킨스톡, 다진 당근, 닭가슴살을 넣고 중간 불에서 잘 저으며 5분간 끓입니다.

3
오트밀을 넣고 약한 불에서 5분간 더 끓입니다.

4
불을 끄고 다진 부추를 넣어 잘 섞습니다.

5
그릇에 옮겨 담고 참기름과 후추를 뿌립니다.

DANO's TIP

냉장고에 홍삼 엑기스가 있다면 아주 소량만 넣어 보세요. 제대로 만든 보양식 느낌을 낼 수 있답니다.

PROTEIN — 운동한 날, 단백질 듬뿍 채우고 싶을 때

매콤 닭가슴살 두부 두루치기

매콤한 음식이 당길 때 추천하는 메뉴입니다. 청양고추와 고춧가루의 칼칼한 매콤함을 활용하면 다이어트 음식에 간을 덜해도 감칠맛이 나서 오히려 소금을 덜 쓰게 돼요. 매운맛 재료를 적절히 잘 활용해 보세요!

Ingredients

닭가슴살 100g
두부(부침용) 100g
양파 40g
깻잎 5장
대파 10cm
청양고추 2개
다진 마늘 1/2큰술
포도씨유 적당량

소스

참기름 1큰술
야채수(40p) 50g
참치액젓 1큰술
고춧가루 1큰술
통깨 1큰술

How to cook

1

두부는 사방 5cm, 두께 1cm 크기로 자르고 키친타월에 올려 물기를 제거합니다.

2

대파와 청양고추는 어슷하게 썰고, 양파와 깻잎은 세로로 길게 썹니다. 닭가슴살은 한입 크기로 결 따라 찢습니다.

👉 손으로 찢으면 닭가슴살에 양념이 더 잘 배어요.

3

볼에 소스 재료를 모두 넣고 잘 섞습니다.

4

팬에 포도씨유를 두르고 두부를 올려 중간 불에서 앞뒤로 노릇하게 구운 뒤 접시에 옮겨 둡니다.

5

팬에 다시 포도씨유를 두르고 중간 불에서 다진 마늘과 양파, 대파, 청양고추를 넣고 양파가 투명해질 때까지 잘 섞으며 볶습니다.

6

약한 불로 줄인 뒤 팬에 구운 두부와 닭가슴살, 깻잎을 올리고 소스를 둘러 중간 불에서 5분간 자작하게 졸입니다.

PROTEIN 운동한 날, 단백질 듬뿍 채우고 싶을 때

소고기 두부 뭇국

다이어트 중에는 국물을 최대한 피해야 하므로 건더기를 듬뿍 넣은 스튜처럼 끓이는 것이 포인트예요. 소고기에는 닭가슴살 못지않은 단백질이 들어 있기 때문에 두부까지 합쳐지면 굉장한 고단백 뭇국이 탄생한답니다.

Ingredients

소고기(국거리용) 100g
두부 100g
무 100g
대파 5cm
다진 마늘 1/2큰술
참기름 3큰술
야채수(40p) 450g
참치액젓 1큰술
소금 약간
후추 약간

How to cook

1
대파는 어슷하게 썰고, 두부와 무는 사방 3cm 크기의 사각형 모양으로 도톰하게 자릅니다.

2
냄비에 참기름을 두르고 다진 마늘과 소고기를 넣어 중간 불에서 잘 섞으며 볶습니다.

3
소고기의 핏기가 어느 정도 사라지면 액젓을 1큰술 넣어 가볍게 섞습니다.

4
야채수와 무를 넣고 뚜껑을 덮은 뒤 중간 불에서 3분간 끓입니다.

5
육수가 끓어오르면 약한 불로 줄인 뒤 두부와 대파를 넣고 무가 완전히 익을 때까지 10분간 더 끓입니다.

👉 국물용 소고기는 약한 불에 오래 끓일수록 고기가 연해집니다.

6
소금으로 간을 맞추고 2~3분간 더 끓인 뒤 그릇에 담고 후추를 뿌립니다.

DANO's TIP

무를 많이 넣고 오래 끓일수록 국물의 감칠맛과 단맛이 배가 되므로 정량보다 더 넣어도 좋아요.

청경채 닭가슴살 볶음

비타민 C와 식이섬유가 풍부한 청경채는 아삭한 식감으로 볶음 요리에 애용하는 채소입니다. 여기에 든든한 단백질원인 닭가슴살을 함께 넣으면 다양한 식감을 즐기면서도 양껏 먹어도 부담 없는 다이어트 요리가 완성돼요.

Ingredients

닭가슴살 100g
청경채 100g
파프리카 50g
청양고추 1개
다진 마늘 1/2큰술
포도씨유 적당량
후추 약간

소스
굴소스 1/2큰술
물 1큰술
레몬즙 1큰술
스테비아 1/3큰술

How to cook

1
청양고추는 어슷하게 썰고 닭가슴살과 파프리카, 청경채는 적당한 크기로 자릅니다.

2
볼에 소스 재료를 넣고 잘 섞습니다.

3
팬에 포도씨유를 두르고 다진 마늘을 넣어 살짝 볶다가 손질한 청경채와 파프리카, 청양고추를 모두 넣고 숨이 살짝 죽을 때까지 볶습니다.

4
닭가슴살과 소스를 넣고 1분간 잘 섞으며 볶은 뒤 마지막에 후추를 뿌립니다.

DANO's TIP

청경채에 들어 있는 지용성 베타카로틴은 기름과 함께 먹을 때 흡수가 잘 되므로 볶지 않더라도 올리브유나 참기름을 곁들여 먹으면 좋아요.

코코넛에 빠진 닭

'예즈지'라고 불리는 중국 광동식 샤브샤브를 응용한 레시피입니다. 코코넛워터에 닭고기와 채소를 넣고 푹 끓여 먹는 요리예요. 국물 특유의 슴슴한 맛은 평양냉면 육수와도 비슷한데, 청양고추가 들어가 시원하고 칼칼합니다.

Ingredients

닭가슴살 100g
팽이버섯 30g
알배추 2장
청경채 1개
대파 10cm
청양고추 1개
쑥갓 1줌(선택)
코코넛워터 300g
참치액젓 1큰술

소스

다진 청양고추 1/2큰술
다진 마늘 1/2큰술
핫소스 1/2큰술
레몬즙 1큰술
간장 1/2큰술
스테비아 1/2큰술

How to cook

1
청경채와 알배추, 쑥갓, 팽이버섯은 한입 크기로 썰고, 대파와 청양고추는 어슷하게 썹니다.

2
닭가슴살을 손으로 큼직하게 찢습니다.
➠ 샤브샤브용이기 때문에 너무 작지 않은 것이 좋아요.

3
볼에 소스 재료를 모두 넣고 잘 섞습니다.

4
냄비에 코코넛워터와 액젓을 먼저 붓고, 닭가슴살과 손질한 채소를 모두 넣어 중간 불에서 10분간 끓입니다. 익은 재료들은 건져서 소스에 찍어 먹습니다.

DANO's TIP

육수 간은 심심하게 하고, 취향에 따라 소스를 찍어 드세요.

칠리 콘 카르네

미국 텍사스 남부의 멕시코 이민자들이 해 먹던 음식에서 유래한 미국 가정식 메뉴예요. 메인은 고추인 칠리와 고기를 뜻하는 카르네! 이 두 가지 재료랍니다. 여기에 강낭콩이 들어가 고기와 콩 단백질을 골고루 섭취할 수 있어요.

Ingredients

소고기(다짐육) 70g
불린 강낭콩 50g
당근 20g
양파 20g
파프리카 20g
청양고추 1개
다진 마늘 1큰술
올리브유 적당량
맛술 1큰술
파르메산 치즈 약간
소금 약간
후추 약간

소스

토마토소스(38p) 100g
야채수(40p) 180g
고춧가루 1큰술

How to cook

1
볼에 소고기와 맛술과 소금, 후추를 넣어 밑간 합니다.

2
불린 강낭콩은 체에 밭쳐 물기를 제거합니다.

3
당근은 잘게 다지고 청양고추는 어슷하게 썹니다. 파프리카와 양파는 한입 크기로 썹니다.
👉 취향에 따라 전부 잘게 다져도 좋아요.

4
팬에 올리브유를 넉넉히 두르고 양파와 청양고추, 다진 마늘을 넣어 중간 불에서 볶다가 양파가 투명해지면 밑간한 소고기를 넣고 볶습니다.

5
소고기의 핏기가 가시면 당근과 파프리카, 강낭콩, 소스 재료를 모두 넣고 약한 불에서 10분간 푹 끓입니다.

6
접시에 옮겨 담고 파르메산 치즈를 살짝 뿌립니다.

PROTEIN 운동한 날, 단백질 듬뿍 채우고 싶을 때

닭가슴살 무 조림

닭가슴살과 무를 넣고 함께 푹 익히면 맛도 맛이지만 포만감을 극대화해 식이섬유와 단백질 모두 듬뿍 섭취할 수 있는 최고의 한 끼가 완성됩니다. 무와 닭고기가 찰떡궁합처럼 잘 어울린다는 것을 이 메뉴를 통해 알게 될 거예요.

Ingredients

닭가슴살 100g
무 150g
대파 10cm
청양고추 1개

소스

다진 마늘 1/2큰술
굴소스 1/2큰술
야채수(40p) 50g
간장 1/2큰술
스테비아 1/3큰술
후추 약간

How to cook

1

대파와 고추는 어슷하게 썰고 무는 2~3cm 크기의 사각형 모양으로 썹니다. 닭가슴살은 한 입 크기로 결 따라 찢습니다.

2

작은 그릇에 소스 재료를 모두 담고 잘 섞습니다.

3

냄비에 손질한 채소와 닭가슴살, 소스를 담고 뚜껑을 닫아 중간 불에서 5분간 끓이다가 약한 불로 줄여 무가 익을 때까지 5분간 더 끓입니다.

PROTEIN — 운동한 날, 단백질 듬뿍 채우고 싶을 때

가지 마파두부

15 min

기름진 중식 요리로 먹던 마파두부를 고단백 다이어트식으로 만들었어요. 두부와 돼지고기, 그리고 가지를 소스와 함께 볶아 여러 건강 재료를 한꺼번에 섭취할 수 있어요. 기호에 맞게 매운맛은 조절하세요.

Ingredients

돼지고기(다짐육) 70g
두부 100g
가지 40g
양파 40g
대파 5cm
청양고추 1개
포도씨유 적당량
고추기름 1큰술(선택)
맛술 1큰술
후추 약간

소스
다진 마늘 1/2큰술
굴소스 1큰술
참기름 1큰술
고춧가루 1/2큰술
스테비아 1/2큰술
후추 약간

How to cook

1
볼에 돼지고기를 담고 맛술과 후추를 넣어 밑간합니다.

2
두부는 사방 2~3cm 크기로 썬 뒤 키친타월에 올려 물기를 최대한 제거합니다.

3
대파와 청양고추는 어슷하게 썰고 양파와 가지는 길게 슬라이스합니다.

4
볼에 소스 재료를 모두 담고 잘 섞습니다.

5
팬에 포도씨유를 넉넉히 두르고 손질한 양파와 대파, 청양고추를 올려 중간 불에서 볶다가 돼지고기와 고추기름을 넣어 약 3분간 볶습니다.

6
소스와 두부, 가지를 넣고 센 불에서 5분간 볶습니다.

DANO's TIP
돼지고기 대신 닭가슴살을 사용해도 맛있어요.

Special Page

집순이를 일으키는 홈트 플랜

"집에 있는 시간이 길어지면서 식단도 운동도 담 쌓고 지내서 큰일이에요."

최근 재택 근무와 온라인 수업이 일상화되면서 자연스럽게 활동량도 줄고 배달 음식을 먹는 횟수도 부쩍 늘어났어요. 그에 맞춰 홈트레이닝이나 레시피도 쏟아지지만, 아무래도 집은 휴식을 취하는 공간으로 익숙해졌기 때문에 '평소에 안 하던 짓'을 하려니 너무 어색하죠. 맥락 없는 환경에서는 새로운 습관이 싹을 틔우기 어려워요. '평소에 안 하던 짓'을 몇 번 시도할 수는 있지만, 시간이 지나면 이내 침대로 가서 드러눕거나 소파에 앉아 배달 앱을 켜는 평소의 패턴을 관성적으로 답습하게 됩니다. 그래서 집에서도 환경을 조성해 주는 작업이 꼭 필요해요.

① **집 안 환경 세팅**

습관 씨앗이 잘 자라려면 비옥한 토양이 되어 줄 습관 환경을 조성해야 해요. '하루에 운동 1시간 하기'나 '밀가루 안 먹기' 같은 막연한 다짐은 그만! 바로 구체적인 행동을 유발하는 시각적인 신호, 일관된 시간, 일관된 장소. 이렇게 세 가지 조건이 충족되면 운동이나 식단 챙기는 일이 이전보다 수월해질 거예요.

- ☐ 운동복은 항상 잘 보이는 정해진 자리에 두기
- ☐ 홈트레이닝 매트는 항상 같은 자리에서 사용하고, 사용 후에는 잘 보이는 곳에 접어 두기
- ☐ 배달 앱은 지우거나 화면 안 보이는 곳에 숨기기
- ☐ 생채소는 떨어지지 않게 구비해 두고 냉장고의 잘 보이는 칸에 보관하기
- ☐ 식판은 가장 잘 보이는 곳에 꺼내 두기
- ☐ 매일 운동할 시간에 알람 맞춰 두기

MOVE MOVE!
▶ 층간 소음 걱정 없는 무소음 홈트

② ### 집콕 틈새 운동

안 하던 행동을 하려면 평소보다 훨씬 많은 물리적, 정신적 에너지가 쓰여요. 그렇기에 처음에는 일상을 180도 바꾸지 않아도 조금씩 더하고 빼서 실천할 수 있는 습관으로 시작하는 것이 좋아요. 운동 목표 시간, 횟수, 난이도를 일주일 연속 거뜬히 해낼 수 있는 정도로 만만하게 잡아 보세요. 언제, 어디에서 할지에 대한 계획이 구체적일수록 좋아요.

가장 간단한 방법은 평소 매일 하던 행동 위에 간단한 운동 동작을 얹어 가는 거예요. 생활에 잘 맞고 꾸준히 해 봄직한 것들은 지금 바로 시도해 보세요!

- ☐ 양치하는 동안 스쿼트 10개 하기
- ☐ 자기 전에 팩하는 동안 L자 다리 하기
- ☐ TV 보는 김에 벽스쿼트 10개 하기
- ☐ 앉아 있을 때 허벅지에 책 끼우고 3분간 버티기
- ☐ 노래 한 곡 재생되는 동안 플랭크하기
- ☐ 전자레인지에 음식 데우는 동안 스탠딩 킥백하기
- ☐ 아침에 일어나서 기지개 켜면서 스트레칭하기

식욕 터지는 날,
자극적인 음식이 당길 때

3

CHEATING DAY

길거리 토스트

15 min

단순히 달걀부침만 들어간 것 같지만 먹어 보면 맛은 전혀 단순하지 않아요. 설탕 대신 건강한 스테비아를, 잼 대신 바나나를 으깨어 바르고 매운 소스로 포인트를 주면 다노표 달콤 길거리 토스트가 완성됩니다.

Ingredients

식빵 2장
양배추 50g
바나나 1/2개
달걀 1개
파르메산 치즈 1큰술
핫소스 1큰술
포도씨유 적당량
스테비아 1/2큰술
후추 약간
파슬리가루 약간

How to cook

1
양배추는 얇게 채 썰고, 바나나는 볼에 담아 포크로 잘 으깹니다.

2
큰 볼에 양배추와 달걀, 파르메산 치즈, 스테비아, 후추, 파슬리가루를 넣고 잘 섞습니다.
👉 양배추 양이 조금 많다 싶어도 괜찮아요. 달걀물과 섞으면 금방 숨이 죽거든요.

3
팬에 포도씨유를 두른 뒤 ②를 붓고 중간 불에서 사각형의 달걀부침을 만듭니다. 접시에 옮겨 둡니다.

4
팬에 식빵을 올리고 약한 불에서 앞뒤로 노릇하게 굽습니다.

5
구운 식빵 위에 으깬 바나나를 골고루 펴 바릅니다.

6
한쪽에는 핫소스를 바르고, 다른 쪽에는 달걀부침을 올린 뒤 포개어 합칩니다.

DANO's TIP
파르메산 치즈는 감칠맛을 주면서 동시에 간도 맞추는 역할을 합니다. 없다면 소금으로 대체하세요.

당근 달걀 키토 김밥

탄수화물 폭탄인 김밥은 이제 옛말! 밥 없이 단백질로 채운 키토 김밥의 시대가 왔어요. 달걀 지단에 콜리플라워 라이스를 추가해 식감과 포만감을 더욱 높였어요. 새콤하게 간을 한 당근채 덕분에 간이 딱 맞는답니다.

Ingredients

김밥 김 1장
콜리플라워 라이스(42p) 50g
당근 100g
달걀 3개
참기름 약간
포도씨유 적당량
물 180g
식초 3큰술
스테비아 1큰술
소금 약간
통깨 약간

DANO's TIP

콜리플라워 라이스는 접착력이 없어 달걀물에 섞어 지단으로 만들어 넣는 것이 포인트!

How to cook

1
당근은 길게 채로 썹니다.

2
볼에 채 썬 당근과 물, 식초, 스테비아를 넣고 10분간 재워 밑간합니다.

3
큰 볼에 달걀과 콜리플라워 라이스 그리고 소금을 넣고 잘 섞어 달걀물을 만듭니다.

4
팬에 포도씨유를 두르고 달걀물을 얇게 올려 지단을 2~3장 부칩니다. 접시 위에 겹쳐 놓고 한 김 식힙니다.

5
팬에 다시 포도씨유를 두르고 물기를 꼭 짠 당근을 올려 중간 불에서 충분히 익힙니다.

6
한 김 식힌 지단은 길게 채 썹니다.

7
김밥 김 위에 채 썬 지단과 당근을 순서대로 올려 돌돌 말아 김밥을 만듭니다.

8
김 위에 참기름을 바르고 통깨를 뿌린 뒤, 한 입 크기로 썹니다.
👉 핫소스를 찍어 먹어도 맛있어요.

CHEATING DAY — 식욕 터지는 날, 자극적인 음식이 당길 때

달콤 묵떡볶이

다이어트 할 때 라면, 치킨과 함께 최고로 참기 힘든 음식이 떡볶이 아닐까요? 살도 빼고 떡볶이도 먹고 싶은 우리의 고민을 해결해 줄 다노 스타일 떡볶이입니다. 묵말랭이를 떡 대신 활용해 보세요. 쫄깃한 식감이 자꾸 생각날 거예요!

Ingredients

묵말랭이 50g
어묵 1장(50g)
양배추 50g
양파 40g
대파 10cm

소스

다진 마늘 1/2큰술
야채수(40p) 180g
간장 1큰술
고춧가루 1큰술
스테비아 2/3큰술
후추 약간

How to cook

1
볼에 뜨거운 물을 담고 묵말랭이를 넣어 5분간 불린 뒤 체에 받쳐 물기를 제거합니다.

2
끓는 물에 어묵을 넣어 30초간 데칩니다.
👉 어묵의 나트륨과 기름기를 덜어내기 위함인데 이때 너무 오래 데치면 떡볶이의 감칠맛이 줄어드니 참고해요.

3
어묵과 양파, 양배추는 한입 크기로 자르고 대파는 어슷하게 썹니다.

4
볼에 소스 재료를 모두 넣고 잘 섞습니다.

5
팬에 모든 재료와 소스를 한꺼번에 담고 묵말랭이에 소스가 충분히 밸 때까지 중간 불에서 5분간 잘 섞으며 졸입니다.

DANO's TIP
더 강한 매운맛을 원한다면 기호에 따라 고춧가루나 청양고추를 추가해요.

CHEATING DAY 식욕 터지는 날, 자극적인 음식이 당길 때

두유 투움바 파스타

15 min

꾸덕꾸덕한 크림 파스타의 대명사가 된 투움바 파스타를 두유와 두부면으로 살찔 걱정 없이 만들었어요. 유독 사랑받는 투움바 파스타의 비밀은 바로 고춧가루! 느끼할 틈 없이 계속 들어가는 매력을 그대로 재현했어요.

Ingredients

두부면 100g
생새우살 5마리
양송이버섯 2송이
다진 마늘 1큰술
올리브유 적당량
후추 약간

소스
쪽파 2줄기
무가당 두유 100g
간장 1/2큰술
고춧가루 1/2큰술
파르메산 치즈 1/2큰술

How to cook

1
두부면은 흐르는 물에 살짝 씻고 체에 밭쳐 물기를 제거합니다.

2
양송이버섯은 얇게 슬라이스하고 쪽파는 작게 송송 썹니다.

3
새우는 흐르는 물에 씻고 키친타월에 올려 물기를 제거합니다.

4
볼에 소스 재료를 모두 넣고 잘 섞습니다.

5
팬에 올리브유를 넉넉히 두르고 다진 마늘과 양송이버섯, 새우를 넣고 약한 불에서 잘 섞으며 볶습니다.

6
두부면과 소스를 넣고 중간 불에서 잘 섞으며 5분간 끓입니다. 접시에 옮겨 담고 후추를 뿌립니다.

CHEATING DAY — 식욕 터지는 날, 자극적인 음식이 당길 때

어묵 볶음우동

길게 자른 어묵을 면 대신 쓰면 맛도 식감도 색다르고 감칠맛이 살아 있는 맛있는 볶음우동이 돼요. 숙주를 듬뿍 넣으면 시각적 만족감과 포만감까지 UP! 식단 관리 중인 면 애호가들에게 강력 추천해요.

Ingredients

어묵 1장
숙주 100g
양파 40g
대파 10cm
청양고추 1개
다진 마늘 1/2큰술
포도씨유 적당량

소스

굴소스 1/2큰술
참기름 1큰술
올리고당 1큰술
물 1큰술
통깨 1/2큰술
고춧가루 1/2큰술
후추 약간

How to cook

1

어묵을 반으로 접은 뒤 0.5cm 간격으로 면처럼 길게 자릅니다.

2

끓는 물에 어묵을 넣어 30초간 데치고 체에 밭쳐 찬물에 가볍게 헹굽니다.
👉 이렇게 하면 어묵의 나트륨과 기름기를 덜어낼 수 있어요.

3

양파는 길게 슬라이스하고 대파와 청양고추는 어슷하게 썹니다.

4

작은 볼에 소스 재료를 모두 담고 잘 섞습니다.

5

팬에 포도씨유를 넉넉히 두르고 다진 마늘과 양파, 대파, 청양고추를 넣고 양파가 살짝 투명해질 때까지 중간 불에서 볶습니다.

6

어묵과 숙주를 넣고 1분간 잘 섞으며 볶다가 소스를 넣어 1분간 더 볶습니다.

DANO's TIP

어묵을 고를 때는 연육 함량이 최대한 높은 것으로 고르세요. 일반 어묵의 연육 함량이 평균 50~60%이고 70% 이상을 고르면 더 좋습니다. 연육 함량이 높을수록 탄수화물 양이 줄고 단백질은 상대적으로 많아져요.

베트남 반세오

15 min

쌀가루 반죽에 각종 채소와 고기 또는 해산물을 넣은 반세오. 오믈렛 같기도 하고 파전과도 비슷한데, 반죽이 훨씬 묽고 채소의 비중이 높아 식단 조절 중 기분 전환하기 좋아요. 베트남 여행을 떠난 것 같은 무드를 즐겨 보세요!

Ingredients

생새우살 6~7마리
숙주 60g
쪽파 1줄기
달걀 1개
포도씨유 적당량
물 50g
감자전분 1/2큰술
카레가루 1/2큰술
소금 약간

소스

핫소스 1/2큰술
물 1큰술
레몬즙 1큰술
참치액젓 1/2큰술
스테비아 1/2큰술
통깨 약간

How to cook

1
큰 볼에 감자전분과 카레가루, 송송 썬 쪽파, 달걀, 물을 담고 잘 섞어 반죽을 만듭니다.
☞ 우리나라의 부침개보다 반죽이 훨씬 묽으니 참고해요.

2
작은 볼에 소스 재료를 모두 담고 잘 섞습니다.

3
팬에 포도씨유를 두르고 새우와 숙주, 약간의 소금을 넣습니다. 중간 불에서 새우가 살짝 익을 정도로 1분간 볶은 뒤 한쪽으로 밀어 둡니다.

4
팬 전체에 얇고 넓게 반죽을 부어 펼친 뒤 중간 불에서 바삭하게 부칩니다.

5
한쪽 면이 익으면 숙주와 새우가 있는 쪽으로 반 접어 반달 모양을 만들고 약한 불에서 2분간 더 부칩니다.

6
접시에 옮겨 담고 소스를 곁들입니다.

CHEATING DAY 　 식욕 터지는 날, 자극적인 음식이 당길 때

라타투이 라자냐

15 min

라타투이는 프랑스를 대표하는 가정식 요리, 라자냐는 이탈리아를 대표하는 가정식 요리예요. 두 요리 모두 토마토소스를 베이스로 한다는 공통점이 있어요. 각 나라의 대표 가정식을 조합해 다노만의 다이어트 레시피로 만든 메뉴랍니다.

Ingredients

훈제 닭가슴살 100g
애호박 80g
가지 60g
모차렐라 치즈 30g
토마토소스(38p) 4큰술
올리브유 적당량
후추 약간
파슬리가루 약간

How to cook

1
애호박과 가지는 동그란 모양을 살려 7mm 두께로 썰고 닭가슴살은 손으로 찢습니다.

2
팬에 올리브유를 두르고 중간 불에서 애호박과 가지를 노릇노릇 앞뒤로 구워 줍니다.

3
내열 용기에 닭가슴살을 담고 구운 애호박과 가지를 하나씩 번갈아 빙 둘러 올립니다.

4
토마토소스를 올려 덮고 모차렐라 치즈를 뿌린 뒤 전자레인지에 넣어 치즈가 녹을 때까지 3분간 돌립니다.

5
먹기 직전 후추와 파슬리를 뿌리고 올리브유를 살짝 두릅니다.

DANO's TIP

라타투이는 우리 비빔밥처럼 재료에 구애받지 않고 그날의 냉장고 상황에 맞게 만들어요. 냉장고 파먹기가 필요한 날 도전해 보세요!

오트밀 감자 수제비

20 min

만드는 사람에 따라 모양도 두께도 크기도 모두 다른 수제비. 밀가루 때문에 수제비 먹기가 부담스럽다면 오트밀로 반죽한 수제비는 어떨까요? 감자전분을 소량 넣어 반죽해 수제비의 쫄깃쫄깃한 식감도 그대로 살렸어요.

Ingredients

야채수(40p) 360g
애호박 20g
감자 20g
당근 20g
양파 20g
대파 5cm
청양고추 1/2개(선택)
다진 마늘 1/2큰술
참치액젓 1큰술

반죽

뜨거운 물 25g
오트밀가루 20g(오트밀을 믹서기로 곱게 갈아 준비)
감자전분 20g
소금 약간

DANO's TIP

수제비 반죽은 3~4일간 냉장 보관이 가능하니 넉넉히 만들어 여러 번 사용해도 좋아요. 냉동 보관하면 1달도 가능해요. 얇게 편 상태로 보관해야 만들 때 편리합니다.

How to cook

1

큰 볼에 오트밀가루와 감자전분, 소금을 넣고 잘 섞은 뒤 뜨거운 물을 두 번에 나눠 넣으며 잘 섞습니다.

👉 가루나 물기가 묻어나지 않는 약간 건조한 반죽이 되면 적당해요.

2

반죽을 비닐봉지에 넣고 손으로 눌러 최대한 납작하게 만든 뒤 냉장고에 넣어 15분 정도 휴지시킵니다.

3

애호박과 감자, 당근, 양파, 대파는 얇게 한입 크기로 썹니다.

👉 이때 감자는 최대한 얇게 썰어야 조리 시간이 단축돼요.

4

냄비에 야채수와 손질한 채소, 다진 마늘, 액젓을 넣고 감자가 다 익을 때까지 뚜껑을 닫아 중간 불에서 끓입니다.

5

냉장고에 넣어 둔 반죽을 꺼내 한입 크기로 얇게 떼어 냄비에 넣고 반죽이 익을 때까지 2~3분을 더 끓입니다. 이때 기호에 따라 청양고추를 송송 썰어 함께 넣고 끓입니다.

👉 숙성된 반죽이 너무 건조하면 손에 물을 살짝 묻혀 만들어 보세요.

CHEATING DAY 식욕 터지는 날, 자극적인 음식이 당길 때

푸실푸실 닭가슴살 잡채

숏 파스타에서 인기 만점인 푸실리! 조리하기 쉽고 소스도 잘 흡수해 초보 요리사들에게 추천해요. 잡채에 당면 대신 푸실리를 넣어 고소한 파스타 같은 매력이 있어요. 차갑게 먹어도 맛있어서 냉장 보관하기에도 좋답니다.

Ingredients

훈제 닭가슴살 50g
통밀 푸실리 50g
당근 20g
양파 20g
파프리카 20g
부추 20g
다진 마늘 1/2큰술
포도씨유 적당량
소금 1/2큰술

소스

참기름 1큰술
올리고당 1/2큰술
물 1큰술
간장 1큰술
통깨 1/2큰술

How to cook

1
끓는 소금물에 푸실리를 넣고 9분 동안 삶습니다.

2
당근과 양파, 파프리카, 부추를 모두 길게 채 썹니다. 닭가슴살은 손으로 찢습니다.

3
볼에 소스 재료를 모두 넣고 잘 섞습니다.

4
팬에 포도씨유를 넉넉히 두르고 당근과 양파, 다진 마늘을 넣어 중간 불에서 잘 섞으며 볶습니다.

5
닭가슴살과 파프리카를 넣어 1분간 더 볶다가 마지막에 부추를 넣고 불을 끕니다.

6
익힌 푸실리와 익힌 채소, 소스를 모두 넣고 골고루 섞습니다.

CHEATING DAY — 식욕 터지는 날, 자극적인 음식이 당길 때

닭가슴살 도토리 떡국

나이가 들수록 새해는 반갑지 않지만 떡국만큼은 한결같이 반가워요. 하지만 탄수화물 덩어리인 떡만큼은 피하고 싶은 것이 새해를 시작하는 다이어터의 마음! 우리의 구세주 묵말랭이를 넣어 기분 좋게 떡국 한 그릇 하세요.

Ingredients

닭가슴살 50g
묵말랭이 50g
대파 10cm
달걀 1개
다진 마늘 1/2큰술
사골육수 1팩(200g)
포도씨유 적당량
참치액젓 1큰술
김가루 약간(선택)

How to cook

1
끓는 물에 묵말랭이를 넣어 5분간 끓인 뒤 체에 밭쳐 물기를 제거합니다.

2
대파는 송송 썰고 닭가슴살은 손으로 찢습니다.

3
냄비에 포도씨유를 두르고 다진 마늘을 넣어 중간 불에서 살짝 볶다가 사골육수와 닭가슴살, 묵말랭이를 넣고 5분간 끓입니다.

4
액젓으로 간하고 달걀을 깨트려 넣은 뒤 1분간 더 끓입니다.

5
그릇에 옮겨 담고 김가루와 대파를 올립니다.

DANO's TIP

• 달걀을 깨트린 후 바로 휘저으면 국물이 탁해지므로 조금 두었다가 휘저어요.
• 사골육수는 소금 간이 안 된 것으로 고르고 소금 간이 되어 있다면 액젓을 생략해 주세요.

CHEATING DAY 식욕 터지는 날, 자극적인 음식이 당길 때

애호박 멘보샤

바삭한 빵 사이에 새우살을 넣어 기름에 튀겨 먹는 멘보샤. 다이어터가 먹는 멘보샤는 조금 달라야겠죠? 빵 대신 애호박을, 튀기는 대신 팬에 구워 훨씬 가볍지만 맛은 최고인 다노표 멘보샤를 소개합니다. 입안 가득 고소함이 진동해요.

Ingredients

생새우살 100g
애호박 1/2개
달걀 1개
다진 마늘 1/2큰술
포도씨유 적당량
감자전분 1큰술
소금 약간
후추 약간

How to cook

1
새우는 칼의 넓은 면을 사용해 살짝 으깬 뒤 다집니다.

2
볼에 다진 새우살을 넣고 다진 마늘과 감자전분, 소금, 후추를 넣고 잘 섞어 양념합니다.

3
애호박은 동그란 모양을 살려 1cm 두께로 자르고 옆면 가운데에 2/3 깊이로 칼집을 내 새우살 넣을 공간을 만듭니다.

4
손으로 애호박 사이를 살짝 벌리고 양념한 새우살을 넣어 채웁니다.

5
평평한 그릇에 속을 채운 애호박을 담고 전자레인지에 넣어 2분 돌린 뒤 꺼내 한 김 식힙니다.

👉 새우살을 미리 익히면 조리 시간이 단축되고, 기름을 덜 흡수해요.

6
볼에 달걀 1개를 깨트려 달걀물을 만든 뒤 한 김 식힌 애호박 반죽을 넣어 달걀물을 골고루 묻힙니다.

7
팬에 포도씨유를 두른 뒤 달걀물을 입힌 애호박을 올려 중간 불에서 앞뒤로 노릇하게 익힙니다.

DANO's TIP
완성한 후 한 김 식혔다가 먹으면 모양도 잘 고정되고 맛있어요!

포테이토 샐러드 피자

치킨과 함께 야식계의 양대 산맥을 이루는 피자는 항상 살찌는 음식으로 분류돼요. 하지만 이 피자는 밀가루 도우를 감자와 달걀로 대체해 조금 더 다노하죠. 앞으로 피자가 당길 땐 배달 앱을 켜는 대신 이 레시피를 펼쳐 보기로 약속!

Ingredients

닭가슴살 30g
껍질을 제거한 감자 70g
양송이버섯 1송이
양파 30g
방울토마토 5개
어린잎채소 1줌
달걀 1개
모차렐라 치즈 50g
포도씨유 적당량
소금 약간
후추 약간
파슬리가루 약간

How to cook

1
감자는 채 썰고 방울토마토는 반으로, 양송이버섯과 양파는 슬라이스합니다. 닭가슴살은 손으로 찢습니다.

2
어린잎채소는 흐르는 물에 씻고 체에 밭쳐 물기를 제거합니다.

3
작은 볼에 달걀을 깨트려 달걀물을 만듭니다.

4
팬에 포도씨유를 넉넉히 두르고 감자와 소금 1꼬집을 넣어 중간 불에서 볶습니다.

5
감자가 투명해지면 약한 불로 줄인 뒤 감자 채를 넓게 펼쳐 둥글게 만들고 달걀물을 붓습니다.

6
닭가슴살과 양송이버섯, 양파, 방울토마토를 올리고 마지막에 모차렐라 치즈와 파슬리가루를 뿌립니다.

7
뚜껑을 덮고 모차렐라 치즈가 녹을 때까지 약한 불에서 5분간 익혀줍니다.

8
접시에 옮겨 담고 어린잎채소를 듬뿍 올린 뒤 후추를 살짝 뿌립니다.

CHEATING DAY · 식욕 터지는 날, 자극적인 음식이 당길 때

트러플 양송이 수프

시판 양송이 수프에 들어가는 생크림, 버터, 루 없이 두유만을 베이스로 한 가벼운 양송이 수프입니다. 생크림의 고소함을 두유로, 루의 걸쭉함은 감자로 대체했어요. 마지막에 트러플오일을 넣으면 맛이 훨씬 풍부해진답니다.

Ingredients

양파 40g
감자 30g
양송이버섯 3송이
올리브유 4큰술
무가당 두유 190g
소금 약간
후추 약간
트러플오일 약간

How to cook

1
양파와 양송이버섯, 감자를 아주 잘게 다집니다.

2
냄비에 올리브유를 두르고 양파를 올려 갈색빛이 돌 때까지 약한 불에서 천천히 볶습니다.
☞ 평소보다 기름을 충분히 넣어야 팬에 눌어붙지 않아요.

3
중간 불로 올리고 양송이버섯과 감자, 소금을 넣어 3분간 더 볶습니다.
☞ 이때 아주 되직해져도 괜찮아요.

4
두유를 붓고 다시 약한 불로 줄여 5분간 눌어붙지 않게 잘 저으며 끓입니다.

5
불을 끈 뒤 소금으로 간을 맞추고 그릇에 담아 트러플오일과 후추를 뿌립니다.

DANO's TIP
씹히는 재료 없이 크리미한 수프를 원한다면 3번 과정에서 볶은 재료를 믹서기로 곱게 간 뒤 끓여 주세요.

솜땀 샐러드

솜땀은 태국식 샐러드입니다. 한국에서는 솜땀의 주재료인 그린 파파야를 구하기 힘드니 가장 식감과 맛이 가까운 무로 만들어 보세요. 간단히 샐러드처럼 먹기에도 좋고, 메인 요리에 곁들이는 사이드 메뉴로도 밸런스가 좋아요.

Ingredients

무 100g
당근 20g
방울토마토 5개
청양고추 1개(선택)
땅콩가루 약간(선택)

소스
다진 마늘 1/2큰술
레몬즙 2큰술
멸치액젓 1큰술
스테비아 1큰술

How to cook

1
방울토마토는 반으로, 청양고추는 어슷하게 썰고 당근과 무는 길게 채로 썹니다.

2
큰 볼에 소스 재료를 모두 담고 잘 섞습니다.

3
볼에 손질한 채소를 모두 담고 소스와 잘 섞습니다.
👉 이때 방울토마토를 눌러 즙이 빠져나오게 하면 훨씬 맛있어요.

4
접시에 옮겨 담고 먹기 직전 땅콩가루를 뿌립니다.
👉 바로 먹어도 좋지만 10분간 재웠다 먹으면 무에 소스가 잘 배어 감칠맛이 살아나니 참고해요.

DANO's TIP

조금 더 포만감을 주고 싶다면 소스 양을 두 배로 늘려 곤약면, 두부면과 함께 버무려 먹어도 굿!

CHEATING DAY — 식욕 터지는 날, 자극적인 음식이 당길 때

들깨 크림 리소토

15 min

리소토는 본래 생쌀을 오래 끓여 만드는 음식이지만 우리의 시간은 소중하므로 즉석밥 또는 콜리플라워 라이스를 활용해 만들어 봤어요. 들깨를 넣어 크림의 느끼함은 잡고 고소함은 살렸으니 이보다 맛있는 다이어트 리소토가 있을까요.

Ingredients

콜리플라워 라이스(42p) 100g(현미밥으로 대체 가능)
닭가슴살 30g
브로콜리 30g
양파 30g
당근 10g
양송이버섯 1송이
다진 마늘 1/2큰술
올리브유 2큰술
파슬리가루 약간
소금 약간

소스
무가당 두유 100g
들깻가루 1큰술
고춧가루 1/2큰술
파르메산 치즈 1큰술

How to cook

1
닭가슴살은 손으로 잘게 찢고 브로콜리와 양송이버섯, 양파는 한입 크기로 자릅니다. 당근은 적당한 크기로 다집니다.

2
큰 볼에 소스 재료를 모두 담고 잘 섞습니다.

3
팬에 올리브유를 두르고 양파와 다진 마늘을 넣고 중간 불에서 잘 섞으며 볶습니다.

4
양파가 투명해지면 닭가슴살과 브로콜리, 당근, 양송이버섯을 넣고 충분히 익을 때까지 잘 섞으며 볶습니다.

5
소스와 콜리플라워 라이스를 넣고 약한 불에서 잘 저으며 자작해질 때까지 끓입니다.

6
불을 끄고 소금으로 간을 맞춘 뒤 그릇에 옮겨 담고 파슬리가루를 뿌립니다.

CHEATING DAY — 식욕 터지는 날, 자극적인 음식이 당길 때

고구마 닭갈비

 15 min

보통 밖에서 사 먹는 닭갈비에는 닭고기보다 양배추를 비롯한 여러 채소가 푸짐하게 들어가지요. 내심 채소가 많은 것이 항상 아쉬웠는데 집에서 만들면 고기를 듬뿍 넣을 수 있어서 좋아요. 채소의 포만감 덕분에 배도 금방 부르답니다.

Ingredients

닭가슴살 100g
고구마 40g
양배추 50g
양파 40g
당근 20g
깻잎 5장
청양고추 1개
포도씨유 적당량
통깨 약간

소스

다진 마늘 1/2큰술
참기름 1큰술
간장 1큰술
고춧가루 1큰술
스테비아 1큰술
후추 약간

How to cook

1
볼에 소스 재료를 모두 담고 잘 섞습니다.

2
닭가슴살은 한입 크기로 찢고 당근과 청양고추, 양파, 깻잎, 양배추도 비슷한 크기로 자릅니다.

3
고구마는 둥근 모양을 살려 썬 뒤 그릇에 담고 물을 살짝 뿌려 전자레인지에 넣고 2분간 돌립니다.
▶ 미리 익혀 두면 조리 시간이 훨씬 단축돼요.

4
팬에 포도씨유를 넉넉히 두르고 고구마와 양배추, 양파, 당근, 청양고추를 넣어 중간 불에서 1분간 볶습니다.

5
닭가슴살과 깻잎, 소스를 넣고 소스가 졸아들 때까지 잘 섞으며 볶습니다. 그릇에 옮겨 담고 통깨를 뿌립니다.

DANO's TIP

고구마를 껍질째 조리해 보세요. 비타민 C나 칼륨 같은 영양소도 살리고 으스러짐도 덜해 모양도 훨씬 예뻐요.

CHEATING DAY — 식욕 터지는 날, 자극적인 음식이 당길 때

새우 납작 만두

15 min

만두 귀신 모여라! 딤섬 같기도, 새우 완자 같기도 한 다이어트식 납작 만두예요. 라이스페이퍼로 만두피를 대신해 식감도 쫀득하고 만들기도 정말 간편해요. 새우살을 작게 썰어 주면 씹는 식감이 더욱 좋답니다.

Ingredients

라이스페이퍼 3장
생새우살 60g
부추 10g
다진 마늘 1/2큰술
포도씨유 적당량
소금 약간
후추 약간
발사믹 식초 약간

How to cook

1
새우살과 부추는 잘게 썹니다.

2
팬에 포도씨유를 두르고 새우살과 부추, 다진 마늘, 소금, 후추를 넣어 잘 섞으며 볶습니다.

3
라이스페이퍼를 반으로 자르고 따뜻한 물에 10초간 담갔다 뺍니다.

4
넓은 그릇 위에 라이스페이퍼를 올리고 한쪽에 볶은 새우살을 1큰술 올린 뒤 반으로 접어 부채꼴 모양의 만두를 만듭니다.
👉 이때 모서리 끝을 잘 눌러 주세요.

5
팬에 다시 포도씨유를 두르고 만두를 올려 중간 불에서 앞뒤로 살짝 굽습니다.
👉 이미 새우살을 익혔으므로 라이스페이퍼가 노릇해질 때까지 잠깐만 익히면 돼요!

6
접시에 옮겨 담고 발사믹 식초를 곁들입니다.

DANO's TIP
만두소로 스크램블드에그를 넣거나 치즈를 넣는 등 기호와 상황에 따라 다양한 만두를 만들어 보세요.

버섯 규동

재료 손질만 해 놓으면 3분 카레 저리 가라 할 만큼 쉽게 만드는 규동이에요. 소스와 고기, 채소를 잘 볶아 밥 위에 얹으면 끝! 기름기 적은 소고기를 사용하는 고단백 메뉴라 식단 조절 중에도 외식하는 분위기를 낼 수 있습니다.

Ingredients

현미밥 150g
소고기(불고기용) 70g
느타리버섯 50g
양파 40g
대파 10cm
달걀 1개
포도씨유 적당량
맛술 1큰술
후추 약간
통깨 약간(선택)

소스

다진 마늘 1/2큰술
참기름 1큰술
굴소스 1/2큰술
올리고당 1/2큰술
간장 1/2큰술

How to cook

1
볼에 적당한 크기로 자른 소고기와 맛술, 후추를 넣고 다른 재료를 준비할 동안 재워 둡니다.

2
양파와 대파는 어슷하게 썰고 느타리버섯은 손으로 두세 가닥씩 찢습니다.

3
달걀은 노른자와 흰자를 분리합니다. 소스 재료는 볼에 담고 잘 섞습니다.

4
팬에 포도씨유를 두르고 양파와 대파를 넣어 중간 불에서 잘 섞으며 볶습니다.

5
소고기를 넣고 볶다가 핏기가 가시면 느타리버섯과 소스를 넣고 다시 1분간 볶습니다.

6
느타리버섯의 숨이 죽으면 달걀흰자를 빙 둘러 넣고 휘리릭 섞습니다. 달걀흰자가 살짝 익으면 불을 끕니다.

7
넓은 그릇에 현미밥을 담고 볶은 재료를 올린 뒤 가운데에 달걀노른자를 올립니다. 통깨를 뿌립니다.

깻잎 제육 덮밥

15 min

밖에서 먹는 제육 덮밥은 양념이 너무 짜고 달아서 다이어터에겐 자극이 큽니다. 기름기가 최대한 적은 부위를 선택해 고추장 대신 고춧가루로 양념하면 고단백이면서도 담백한 홈메이드 제육 덮밥이 가능합니다.

Ingredients

현미밥 150g
돼지고기(뒷다리살) 80g
양파 40g
양배추 30g
깻잎 5장
청양고추 1개
다진 마늘 1/2큰술
포도씨유 적당량
맛술 1큰술
통깨 약간
후추 약간

소스

참기름 1큰술
올리고당 1큰술
간장 1큰술
고춧가루 1큰술
후추 약간

How to cook

1
볼에 적당한 크기로 손질한 돼지고기를 넣고 맛술과 후추를 넣어 재워 둡니다.

2
양파는 슬라이스하고 청양고추도 어슷하게 썹니다. 나머지 채소는 한입 크기로 자릅니다.

3
작은 볼에 소스 재료를 모두 넣고 잘 섞습니다.

4
팬에 포도씨유를 두르고 다진 마늘과 양파를 올려 중간 불에서 볶다가 돼지고기를 넣고 고기 표면이 하얗게 될 때까지 익힙니다.

5
나머지 채소와 소스를 함께 넣고 채소의 숨이 살짝 죽을 때까지 센 불에서 잘 섞으며 볶습니다.

6
오목한 그릇에 현미밥을 담고 제육볶음을 올린 뒤 통깨를 뿌립니다.

DANO's TIP

냉장고에 남은 자투리 채소를 추가로 더해 채소의 양을 늘리면 훨씬 좋아요.

CHEATING DAY 식욕 터지는 날, 자극적인 음식이 당길 때

소고기 스키야키

15 min

샤브샤브와 비슷하지만 육수가 더 자작한 스키야키, 다이어트 메뉴로 참 좋다는 사실을 아시나요? 고기와 채소를 듬뿍 섭취할 수 있어 너무 짜게만 먹지 않으면 돼요. 손님 접대용으로도 안성맞춤이니 넉넉히 만들어 함께 먹어 보세요.

Ingredients

소고기(불고기용) 100g
양배추 30g
쑥갓 1줌
팽이버섯 1줌
대파 25cm
달걀 1개
맛술 1큰술
후추 약간

육수

야채수(40p) 180g
올리고당 1/2큰술
간장 1큰술

How to cook

1
볼에 적당한 크기로 손질한 소고기를 넣고 맛술과 후추를 뿌려 재워 둡니다.

2
큰 볼에 육수 재료를 모두 담고 잘 섞습니다.

3
대파는 5cm 길이로 길게 자르고 팽이버섯과 양배추, 쑥갓은 한입 크기로 자릅니다.

4
달군 팬에 대파를 올려 중간 불에서 굽습니다.
👉 이때 기름을 두르지 않고 구워요.

5
불을 끄고 팬에 소고기와 양배추, 쑥갓, 팽이버섯을 같이 올립니다.

6
중간 불에서 고기가 살짝 익을 때까지 볶다가 약한 불로 줄인 뒤 육수를 부어 자작하게 익힙니다.

7
작은 그릇에 달걀을 깨트려 넣고 후추를 뿌린 뒤 잘 섞어 고기와 채소를 찍어 먹습니다.

CHEATING DAY — 식욕 터지는 날, 자극적인 음식이 당길 때

Special Page

다노 언니가 절대 먹지 않는 음식

"세상에 맛있는 음식이 이렇게나 차고 넘치는데, 도대체 어떻게 다이어트를 해요?"

과거의 저 역시 다이어트에 실패하면서 항상 하는 생각이었습니다. 당장 밖에 나가면 음식 냄새가 발길을 유혹하고, 유튜브 속 치킨 광고는 홀린 듯 배달 앱을 누르게 만들죠. 이럴 때일수록 '나의 음식 취향과 기준'을 바로 세우는 것이 정말 중요해요. 평소 나의 식습관을 돌아보며 유독 선호하는 음식은 무엇인지, 맛있지만 굳이 안 먹어도 되는 음식은 무엇인지 스스로 분류해 보세요.

다이어트와 습관 성형의 차이는 '나에 대한 이해'에서 비롯됩니다. 기존의 다이어트가 억지로 참고 욕구를 억누르는 것이라면, 습관 성형은 내가 좋아하는 음식을 건강한 버전으로 즐기거나 불균형한 영양소를 보완하는 것, 그래서 궁극적으로 '건강한 입맛'으로 바꾸는 것이에요. 이 음식은 굳이 먹지 않아도 괜찮은지 나름의 경계를 만들고, 나를 더 행복하게 하는 음식과 건강한 관계 맺는 법을 오늘부터 시작해 보세요. 이렇게 습관 성형을 하면서 더는 먹지 않게 된 저만의 3가지 음식 기준을 소개해요.

① 탄탄탄 음식

탄수화물에 또 탄수화물, 그 위에 또 탄수화물이 더해진 음식을 말해요. 대표적인 것이 '허니브레드'인데, 식빵 위에 휘핑크림과 캐러멜 시럽이 잔뜩 뿌려져 있죠. 이런 음식은 탄수화물 비율이 높아 살찌기 쉬울 뿐 아니라 다양한 미량영양소나 단백질, 식이섬유가 없는 불균형한 식품이니 다른 대안을 찾아요.

탄탄탄 식단도 경계 대상이에요. 이탈리안 레스토랑에 가서도 파스타 하나, 리소토 하나, 피자 하나를 시키는 대신 샐러드 하나, 파스타 하나, 스테이크 하나 조합으로 단백질이나 식이섬유 메뉴를 섞거나 같은 메뉴라도 해물이 듬뿍 들어간 파스타, 루콜라가 잔뜩 올라간 피자를 선택해 영양 다양성을 높여 주세요.

② 설레지 않는 음식

모든 음식에 웬만하면 다 설레고 다 먹을 만하다는 건 사실 특별한 취향이나 호불호가 없다는 뜻이기도 합니다. 이런 경우, 식사 일기를 쓰면서 하루 동안 먹은 것과 느낀 것을 간단히 기록하는 루틴은 터닝 포인트가 될 거예요.

저는 식사 일기를 통해 제가 바삭한 것과 부드러운 것이 공존하는 식감을 미치도록 좋아한다는 것을 알게 되었거든요. 그래서 부드러운 그릭요거트에 바삭한 현미 시리얼을 뿌려 먹거나, 바삭하게 구운 현미빵 위에 부드러운 반숙 달걀과 아보카도 스프레드를 올려 먹는 식으로 제 욕구를 충족해 주니 과식하지 않고, 군것질도 생각나지 않았어요.

반면 기름이 뚝뚝 떨어지는 햄버거나 감자튀김, 대창 같은 음식은 남들이 아무리 맛있다고 해도 한 번도 먼저 '먹고 싶다.'라고 설레 본 적이 없었어요. 요즘에도 외식 메뉴를 고르거나 장을 볼 때면 '최근 한 달 안에 이 음식을 먹고 싶다고 생각하며 설렌 적이 있나? 아니면 지금 당장의 배고픔에 이끌려 사려는 건가?'를 잠시 멈춰 고민하고 선택합니다.

③ 내 몸이 거부하는 음식

아무리 설레는 음식이라도 내 몸이 불편해 하고 꺼려 하면 정이 뚝 떨어져야 하는 것이 정상이에요. 하지만 식사 일기를 쓰기 전에는 특정 음식으로 인해 내 몸에 일어나는 일의 상관관계를 알 수 없었고, 내 몸의 소리에도 귀 기울일 수 없었어요.

어떤 음식을 먹고 알레르기는 없었는지, 배앓이를 하거나 가스가 심하게 차지 않는지, 배변 시 고생하지 않는지, 손발을 차게 하진 않는지, 심장이 두근거리거나 잠이 안 오진 않는지, 붓지는 않는지, 여러 신호들을 인지하는 것이 정말 중요해요. 몸은 '이 음식은 나에게 맞지 않아! 제발 피해줘!'라고 끊임없이 외치고 있답니다.

지치고 피곤한 날,
당 충전 필요할 때

4

DESSERTS

떠먹는 고구마 브라우니

직접 베이킹을 해 보면 생각보다 많은 설탕이 들어간다는 사실에 깜짝 놀라게 됩니다. 하지만 오븐에서 수분을 잡아 주는 설탕의 양을 너무 줄이면 식감과 모양이 망가져요. 그래서 설탕도, 가열할 필요도 없는 레시피를 준비했어요.

Ingredients

삶은 고구마 100g
카카오닙스 1큰술
땅콩버터 1/2큰술
무가당 코코아가루 1큰술
꿀 약간(올리고당으로 대체 가능)

How to cook

1
볼에 삶은 고구마를 넣고 포크로 잘 으깹니다.

2
땅콩버터와 카카오닙스, 코코아가루, 꿀을 더해 골고루 잘 섞습니다.

3
동그랗게 한 스쿱 떠서 그릇에 담습니다.
👉 냉동실에 20분간 두었다가 아이스크림처럼 먹어도 좋아요.

DANO's TIP

천연 꿀은 열을 가하면 비타민과 미네랄 등의 영양소가 파괴될 수 있어요. 고구마가 이미 달다면 꿀은 생략해도 좋습니다.

DESSERTS — 지치고 피곤한 날, 당 충전 필요할 때

고구마 치즈 스틱

쫄깃한 라이스페이퍼에 고구마와 모차렐라 치즈를 넣어 만든 간식입니다. 벌써 말만 들어도 쫀득 달콤하니 맛있을 것 같지 않나요? 시중에 파는 밀가루 튀김옷의 치즈 스틱보다 훨씬 맛있다고 자부합니다.

Ingredients

라이스페이퍼 3장
삶은 고구마 100g
모차렐라 치즈 20g
포도씨유 적당량
스테비아 1/2큰술

How to cook

1
볼에 삶은 고구마와 스테비아를 넣고 포크로 잘 으깨어 섞습니다.

2
라이스페이퍼를 따뜻한 물에 10초간 담갔다 뺀 뒤 으깬 고구마와 모차렐라 치즈를 순서대로 올립니다.

3
양옆을 안쪽으로 접고 위에서부터 잘 말아 치즈 스틱 모양을 만듭니다.

4
팬에 포도씨유를 두르고 치즈가 녹을 때까지 약한 불에서 앞뒤로 노릇노릇하게 굽습니다.
👉 라이스페이퍼가 기름을 잘 흡수하기 때문에 키친타월로 팬을 코팅하듯 한 번 닦아 주면 기름이 덜 흡수돼요.

DANO's TIP

스테비아는 고구마가 달지 않을 때만 추가로 넣는 것을 추천해요. 핫소스를 곁들이면 정말 맛있어요.

DESSERTS   지치고 피곤한 날, 당 충전 필요할 때

후무스

후무스는 병아리콩으로 만든 저지방 고단백 다이어트 요리입니다. 단것이 생각 날 때 셀러리나 당근 등의 생채소와 함께 하는 디핑 소스로 활용해 보세요. 심심했던 입이 금방 달래진답니다.

Ingredients

병아리콩 240g

소스

다진 마늘 1/2큰술
그릭요거트 1큰술
올리브유 2큰술
발사믹 식초 2큰술
물 90g
레몬즙 3큰술
통깨 2큰술
소금 약간

How to cook

1
병아리콩은 체에 받쳐 물기를 제거하고 껍질은 골라냅니다.

2
볼에 소스 재료를 모두 넣고 잘 섞습니다.

3
믹서기에 병아리콩과 소스를 넣고 곱게 갑니다.

DANO's TIP

후무스는 만들고 냉장 보관해서 1주 안에 섭취하길 권해요. 보관할 때는 표면에 공기가 직접 닿지 않게 올리브유를 듬뿍 부어 두면 맛과 신선함이 잘 유지됩니다.

단호박 초코칩 스콘

5 min
지름 5cm
스콘 3개 분량

노슈가, 노버터, 노에그, 노밀가루, 노오븐 스콘입니다. 버터 대신 코코넛오일과 아몬드가루를 넣어 착한 지방의 고소한 맛을 살렸어요. 반죽은 전자레인지에 넣고 2~3분만 돌리면 완성되니 빵이 먹고 싶을 때 바로 만들어 보세요.

Ingredients

찐 단호박 100g
오트밀가루 2큰술
아몬드가루 3큰술
다크초코칩 10g
코코넛오일 1큰술
올리고당 1큰술(선택)

How to cook

1
볼에 찐 단호박을 넣고 포크로 잘 으깹니다.
👉 껍질이 아주 두껍지 않다면 되도록 껍질째 사용하세요.

2
나머지 재료를 모두 넣고 골고루 잘 섞습니다.

3
반죽을 떼어 사방 5cm 크기의 스콘을 만들고 내열 용기에 담습니다.

4
전자레인지에 넣어 2분간 돌리고 꺼내 한 김 식힙니다.

DANO's TIP

따뜻할 때 먹으면 빵처럼 폭신하고 부드러운 식감으로, 완전히 식히면 단단한 스콘처럼 즐길 수 있어요.

DESSERTS 지치고 피곤한 날, 당 충전 필요할 때

에그 핑거푸드

15 min

매일 먹는 삶은 달걀이 너무 물려 조금은 특별하게 먹고 싶을 때, 또는 다이어터들을 위한 가벼운 파티 메뉴가 필요할 때 요긴한 레시피입니다. 계속 손이 가서 '데빌드 에그 Deviled Egg'라고 불린답니다. 직접 먹어 보고 판단해 보세요.

Ingredients

양파 20g
쪽파 1줄기
달걀 4개
트러플오일 약간(선택)

소스

그릭요거트 1큰술
홀그레인 머스터드 1/2큰술
올리고당 1큰술
후추 약간

How to cook

1
냄비에 달걀을 넣고 물을 반 정도 잠기게 부은 뒤 센 불에서 9분간 삶습니다.

2
양파와 쪽파는 최대한 잘게 다집니다.

3
삶은 달걀은 찬물에 넣은 뒤 껍질을 까고 세로로 반을 자릅니다.

4
작은 숟가락으로 달걀노른자를 파내어 볼에 따로 담습니다.

5
달걀노른자가 담긴 볼에 양파와 쪽파, 소스 재료를 모두 넣고 잘 섞습니다.

6
섞은 재료를 숟가락으로 떠서 달걀흰자의 빈 속에 동그랗게 채웁니다.

7
접시에 옮겨 담고 트러플오일을 뿌립니다.

DANO's TIP

달걀노른자를 정중앙에 오게 하고 싶다면, 달걀을 넣고 팔팔 끓기 전까지 1분간 한쪽으로 저어 주세요. 원심력으로 달걀노른자가 가운데에 자리 잡아요. 식초와 소금을 넣고 달걀을 삶으면 실금이 가더라도 흰자가 물에 풀리지 않고 응고되는 효과가 있답니다.

코코넛 고구마 맛탕

일반 맛탕처럼 기름에 넣어 튀기는 방식이 아닌 코코넛오일에 볶는 맛탕입니다. 고구마와 코코넛오일의 조합은 버터와 같은 고소한 풍미를 내서 순식간에 다이어터들을 위한 맛있는 맛탕이 완성됩니다.

Ingredients

고구마 150g
코코넛오일 1큰술
올리고당 2큰술
계핏가루 1/3큰술

How to cook

1
고구마는 흐르는 물에 깨끗이 씻고 동그란 모양을 살려 약 1cm 두께로 껍질째 자릅니다.
👉 크기가 너무 크면 조리하는 시간이 오래 걸려요..

2
그릇에 손질한 고구마를 담고 물을 자작하게 넣은 뒤 전자레인지에 넣어 2~3분간 돌립니다.

3
익힌 고구마는 키친타월에 올려 표면의 물기를 제거합니다.
👉 물기를 최대한 제거해야 코코넛오일과 만났을 때 기름이 튀지 않아요.

4
팬에 코코넛오일을 두르고 고구마를 올려 중간 불에서 앞뒤로 노릇하게 굽습니다.

5
약한 불로 줄인 뒤 올리고당과 계핏가루를 넣어 1분간 잘 섞습니다.

DESSERTS 지치고 피곤한 날, 당 충전 필요할 때

요거트 바나나 푸딩

뉴욕의 유명 베이커리 '매그놀리아'의 바나나 푸딩의 다이어트 버전이에요. 원래 생크림과 커스터드크림이 들어가지만 요거트를 사용해 부담감을 확 줄였어요. 오븐이나 전자레인지도 필요 없는 초간단 레시피입니다.

Ingredients

바나나 1개
그릭요거트 100g
우유 1~2큰술(선택)
올리고당 1~2큰술(기호에 따라 조절)
바닐라오일 1~2방울(선택)
토핑용 바나나 적당량

How to cook

1
볼에 바나나를 담고 포크로 잘 으깹니다.

2
그릭요거트와 올리고당, 바닐라오일을 넣고 함께 잘 섞습니다. 이때 너무 되직하면 우유를 넣어 커스터드크림 정도의 농도로 만듭니다.

3
투명한 그릇이나 컵에 담고 토핑용 바나나를 올립니다.
 넉넉히 만들어 냉장고에 1~2시간 보관했다 차갑게 먹으면 더 맛있어요.

다크초콜릿 아이스크림

10 min
얼리는 시간 제외

우리가 흔히 먹는 아이스크림에는 유크림과 설탕이 잔뜩 들어가지만, 다노 레시피에서는 전분가루로 약간의 점성만을 주어 젤라토 같은 쫀득한 식감을 냈어요. 해동하지 않으면 셔벗처럼 딱딱하니 반드시 살짝 해동 후 먹어요.

Ingredients

우유 360g
카카오닙스 2큰술
카카오가루 2큰술
스테비아 3큰술
감자전분 1큰술
커피가루 1/3큰술(선택)
소금 약간

How to cook

1
볼에 모든 재료를 담고 거품기로 뭉침 없이 잘 섞습니다.

2
냄비에 섞은 재료를 붓고 중간 불에서 잘 저으며 끓이다가 끓어오르면 약한 불로 줄여 다시 잘 저으며 5분간 끓입니다.
👉 눌어붙지 않게 계속 저어 주세요.

3
묽은 죽처럼 흐르는 상태가 되면 불을 끄고 한 김 식힌 뒤 냉동 보관용 그릇에 담습니다.
👉 유리그릇을 사용하면 냉동 보관하면서 깨질 수 있으니 참고해요.

4
그릇째 냉동실에 넣어 2~3시간 얼린 뒤 아이스크림 스쿱이나 숟가락으로 그릇에 옮겨 담습니다.

DANO's TIP

아이스크림 막대 틀을 활용하면 바 형태로 만들어 더욱 간편하게 먹을 수 있습니다.

지치고 피곤한 날, 당 충전 필요할 때

아카텔라

아보카도의 녹진하고 부드러운 맛과 식감을 이용해 많이 달지 않은 다이어터용 초콜릿 스프레드를 만들었어요. 혀가 아릴 만큼 다디단 악마의 잼이 생각날 때 꼭 만들어 보세요. 초콜릿 푸딩처럼 단독으로 디저트 겸 먹어도 좋습니다.

Ingredients

아보카도 1개(아보카도퓨레 100g으로 대체 가능)
올리고당 2큰술
카카오닙스 1큰술(다진 견과류로 대체 가능)
카카오가루 2큰술
아몬드가루 1큰술

How to cook

1 아보카도는 반으로 잘라 씨와 껍질을 제거합니다.

2 볼에 손질한 아보카도를 넣고 포크로 잘 으깹니다.

3 나머지 재료를 모두 넣고 잘 섞습니다. 냉장고에 잠시 두었다가 차갑게 해서 먹습니다.

DANO's TIP

아보카도는 후숙이 잘 되면 껍질이 검은색에 가까운 흑갈색으로 변해요. 후숙된 뒤에는 신문지에 싸서 냉장 보관하면 신선하게 먹을 수 있습니다.

귀리 흑임자떡

귀리는 밀과 달리 찰기가 없지만 익반죽하면 전분이 열과 수분에 의해 팽창되어 끈기가 생기게 됩니다. 여기에 약간의 감자전분을 더해 쫄깃한 식감을 냈어요. 뜨거운 물과 전자레인지만으로 떡을 만들 수 있다니 정말 간편하지요.

Ingredients

뜨거운 물 70g
올리고당 2큰술
오트밀가루 4큰술
감자전분 1큰술
흑임자가루 3큰술
스테비아 1큰술
소금 약간

How to cook

1
볼에 오트밀가루와 감자전분, 스테비아와 소금을 넣고 잘 섞습니다.

2
뜨거운 물을 붓고 숟가락으로 잘 섞어 반죽을 만듭니다.

3
반죽 표면에 가루가 보이지 않을 정도가 되면 전자레인지에 넣어 1분간 돌립니다.

4
익힌 반죽을 도마 위에 올리고 1~2cm 두께로 편 뒤 한입 크기로 자릅니다.

5
자른 떡에 올리고당을 골고루 묻힙니다.

6
넓은 접시에 흑임자가루를 담고 떡을 굴려 표면에 고루 묻힙니다.

DANO's TIP
콩가루나 다른 가루를 묻혀 본인이 먹고 싶은 스타일의 떡을 만들어 보세요.

DESSERTS · 지치고 피곤한 날, 당 충전 필요할 때

오트밀 바나나 브레드

아무리 다이어트 중이라 해도 빵은 포기할 수 없는 당신에게 바칩니다. 다이어터의 필수 상비템인 오트밀과 바나나로 만드는 빵이에요. 재료도, 만드는 방법도 정말 간단하지만 모든 재료가 식물성이라 비건에게도 추천합니다.

Ingredients

바나나 1개
코코넛오일 1큰술
포도씨유 약간
오트밀가루 4큰술
아몬드가루 3큰술
베이킹파우더 1/2큰술
스테비아 1큰술
계핏가루 1/2큰술(선택)

How to cook

1
볼에 바나나와 코코넛오일을 넣고 포크로 잘 으깹니다.

2
오트밀가루와 아몬드가루, 베이킹파우더, 스테비아, 계핏가루를 넣고 잘 섞습니다.

3
내열 용기 안쪽에 포도씨유를 적신 키친타월을 골고루 문질러 코팅합니다.

4
반죽을 붓고 전자레인지에 넣어 3분간 돌립니다. 꺼내어 젓가락을 찔렀을 때 반죽이 묻어나오지 않는지 확인합니다.

DANO's TIP

오래되어 검은 반점으로 덮인 바나나가 신선한 바나나보다 훨씬 좋은 맛을 낸답니다.

검은콩 강정

튀긴 밀가루 과자와 물엿을 넣어 굳힌 강정은 누구나 좋아하는 우리나라 전통 간식입니다. 첨가물 없이 깔끔하게 볶은 검은콩과 견과류를 넣어 간편 건강 간식으로 만들어 보세요. 검은콩 본연의 깔끔한 고소함에 반할 거예요.

Ingredients

볶은 검은콩 100g
볶은 견과류 30g
물 2큰술
올리고당 2큰술
포도씨유 약간
스테비아 2큰술

How to cook

1
볼에 검은콩과 견과류를 넣고 잘 섞습니다.
👉 크기가 큰 견과류는 미리 잘라 줘야 후에 잘 뭉쳐져요.

2
팬에 물과 올리고당, 스테비아를 넣고 갈색빛이 살짝 돌 때까지 약한 불에서 끓입니다.

3
불을 끄고 섞어 놓은 검은콩과 견과류를 넣어 골고루 버무립니다.

4
살짝 식으면 손에 포도씨유를 소량 묻힌 뒤 떼어 내 한입 크기로 뭉쳐 완전히 식혀 줍니다.

DANO's TIP

검은콩을 집에서 볶는다면 검은콩을 반나절 동안 물에 불린 뒤 물기를 최대한 제거하고 기름 없는 팬에서 약한 불로 천천히 볶으면 됩니다. 겉껍질이 갈라지고 바삭해지면 완성이에요.

베리베리 아이스티

흔히 먹는 달달한 가루 아이스티가 아닌 진짜 과일을 넣어 만든 시원 깔끔한 아이스티입니다. 다이어트 중 단 음료를 줄이는 것은 가장 기본이면서도 어려운 미션인데요. 인공 감미료가 아닌 진짜 과일이 주는 상큼함을 느껴 보세요.

Ingredients

홍차 티백 1개
따뜻한 물 180g
레몬즙 90g
스테비아 1큰술
냉동 블루베리, 냉동 딸기 1줌

How to cook

1
얼음 트레이에 작게 자른 딸기와 블루베리를 채웁니다.

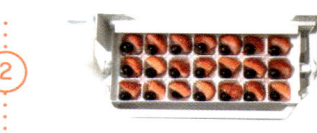

2
레몬즙을 과일 사이사이에 채워지도록 붓고 냉동실에 넣어 얼립니다.

3
투명한 컵에 따뜻한 물을 붓고 홍차 티백을 넣어 1분간 충분히 우려냅니다.

4
티백을 제거한 뒤 스테비아를 넣고 잘 저어 녹입니다.

5
잘 얼려진 과일 얼음을 홍차 컵에 넣고 충분히 섞은 뒤 시원하게 먹습니다.

DESSERTS · 지치고 피곤한 날, 당 충전 필요할 때

딸기 요거트 스무디

5 min

시중 요거트 스무디는 왠지 건강한 음료일 것 같지만 당도 칼로리도 어마무시해요. 보통 진짜 요거트가 아닌 설탕이 다량 함유된 요거트 파우더로 만들어지기 때문이죠. 직접 만들어 요거트의 풍부한 맛을 즐겨 보세요.

Ingredients

냉동 딸기 100g
그릭요거트 50g
우유 90g
스테비아 1큰술

How to cook

1
냉동 딸기는 미리 상온에 꺼내 두어 살짝 해동시키고 크기가 큰 것은 반으로 자릅니다.

2
컵에 우유와 스테비아를 담고 잘 저어 녹입니다.

3
믹서기에 그릭요거트를 포함한 모든 재료를 모두 담고 곱게 갑니다.

보라보라 스무디

안토시아닌이 풍부한 블루베리와 적양배추를 넣어 만든 보라보라 스무디입니다. 특히 적양배추는 풍부한 섬유질이 천연 소화제 역할을 하고 위장 점막을 보호해 줘요. 양배추즙 대신 이렇게 맛있는 스무디로 먹어 보길 추천해요.

Ingredients

적양배추 80g
바나나 80g
냉동 블루베리 80g
우유 180g

How to cook

1
적양배추는 흐르는 물에 씻고 물기를 털어 낸 뒤 큼직하게 썹니다. 바나나는 한입 크기로 자릅니다.

2
모든 재료를 믹서기에 넣고 곱게 갑니다.

DANO's TIP

믹서기를 사용할 때 칼날과 가까운 바닥에는 무른 질감의 재료부터 넣어주면 쉽게 갈려요.

DESSERTS · 지치고 피곤한 날, 당 충전 필요할 때

두유 생초콜릿

달콤쌉싸름한 다크초콜릿으로 만든 쫀쫀한 두유 생초콜릿입니다. 굳힌 반죽의 표면이 매끄럽지 않거나 자른 모양이 일정하지 않아도 걱정하지 마세요. 마지막에 카카오가루를 뿌리기 때문에 어떻게 만들어도 그럴싸하답니다.

Ingredients

다크초콜릿 100g
무가당 두유 5큰술(우유로 대체 가능)
코코넛오일 2큰술
무가당 카카오가루 또는 녹차가루 적당량

How to cook

1
볼에 다크초콜릿을 담아 전자레인지에 넣고 1분간 돌린 뒤 꺼내어 잘 섞고 다시 1분간 돌립니다.
👉 중간에 한 번 꺼내 저어 줘야 타지 않아요.

2
녹은 다크초콜릿에 코코넛오일를 넣고 잘 섞습니다.

3
살짝 데운 두유를 두세 번에 나눠 넣으며 잘 섞습니다.
👉 차가운 두유를 넣으면 분리 현상이 일어날 수 있어요.

4
오목한 그릇에 종이 포일을 깔고 반죽을 부은 뒤 뚜껑을 덮어 냉동실에서 30분간 굳힙니다.

5
잘 굳힌 초콜릿을 사방 3cm 크기로 자릅니다.

6
초콜릿 표면에 카카오가루 또는 녹차가루를 골고루 묻힙니다.

DANO's TIP

좋은 다크초콜릿 고르는 법
• 카카오 함량이 70% 이상 함유된 제품을 고르세요. 카카오매스와 카카오버터를 합친 함량입니다.
• 팜유와 같은 식물성 유지가 아닌 카카오버터가 들어간 제품을 고르세요.

지치고 피곤한 날, 당 충전 필요할 때

바땅샌드

바나나와 땅콩버터로 만든 한입 쏙 디저트입니다. 견과류는 다이어트 필수품이라고 챙겨 먹으면서도 정작 견과류로 만든 땅콩버터는 다이어트의 적이라 생각하는 경우가 많은데요. 설탕과 첨가물이 적다면 다이어터에게도 괜찮아요.

Ingredients

바나나 1개
땅콩버터 1큰술
무가당 코코아가루 적당량

How to cook

1
바나나는 1cm 두께로 동그란 모양을 살려 자릅니다.

2
땅콩버터를 바나나의 한쪽 면에 도톰하게 바르고 그 위에 바나나를 겹칩니다.

3
표면에 카카오가루를 골고루 묻힙니다. 냉동실에 넣어 1~2시간 두었다 먹으면 더욱 맛있습니다.
👉 비닐봉지에 담고 가볍게 흔들어 주면 가루를 쉽게 묻힐 수 있어요.

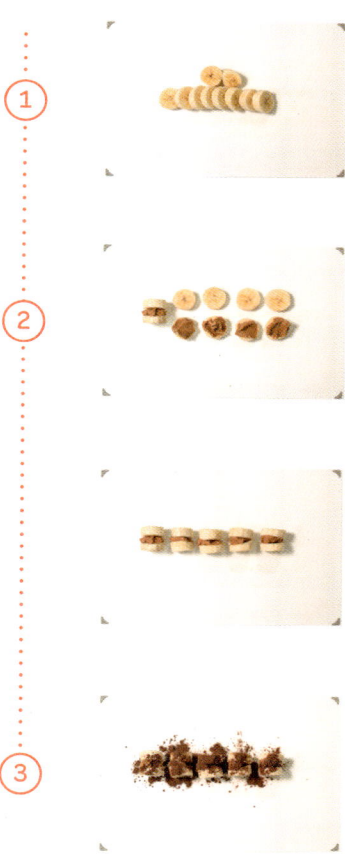

DANO's TIP

좋은 땅콩버터 고르는 법

· 땅콩 함량이 100%에 가까울수록 좋아요.
· 되도록 설탕이 들어가지 않은 제품, 당류가 5% 이하인 제품을 고르세요.
· 유화제가 들어가지 않은 제품을 고르세요.

DESSERTS   지치고 피곤한 날, 당 충전 필요할 때

애플파이 그래놀라

맛 좋은 우리나라 사과로 애플파이를 만든다? 이미 반 이상은 성공입니다. 떠먹는 크럼블 형태의 그래놀라로 애플파이를 먹는 느낌을 냈답니다. 그냥 먹어도 좋고, 요거트나 우유와 함께하면 더욱 맛있어요.

Ingredients

오트밀 4큰술
사과 1/2개
올리고당 3큰술
코코넛오일 2큰술
아몬드가루 3큰술
계핏가루 1/2큰술
소금 약간

How to cook

1
사과는 껍질을 벗기고 작게 자릅니다.

2
팬에 코코넛오일과 손질한 사과를 넣고 갈색빛이 돌 때까지 중간 불에서 잘 섞으며 볶습니다.

3
올리고당과 계핏가루, 소금을 넣고 2분간 더 볶습니다.

4
마지막으로 아몬드가루와 오트밀을 넣고 잘 섞으며 2분간 더 볶아 한 김 식힙니다.
☞ 그릭요거트나 우유에 곁들이면 좋아요.

레몬 그라니타

5 min
얼리는 시간 제외

비건

그라니타는 달지 않은 과일과 물 그리고 설탕으로 만드는 이탈리아식 셔벗입니다. 설탕 대신 스테비아를 넣어 다이어터의 니즈를 완전히 충족했지요. 시판 레몬즙을 사용한다면 기타 첨가물이 섞이지 않은 착즙 레몬즙으로 골라 주세요.

Ingredients

레몬 1개(레몬즙 90g으로 대체 가능)
물 180g
스테비아 2큰술

How to cook

1
레몬은 반으로 자르고 손으로 꾹 짜서 즙을 만듭니다.

2
레몬의 노란색 겉껍질 부분만을 얇게 잘라 내고 잘게 다져 레몬제스트를 만듭니다.
☛ 이때 껍질의 흰색 부분이 최대한 들어가지 않아야 쓴맛이 덜해요.

3
볼에 레몬즙과 레몬제스트, 물, 스테비아를 넣고 잘 섞습니다.

4
얼음 트레이에 잘 섞은 재료를 붓고 냉동실에 넣어 1~2시간 충분히 얼립니다.

5
먹기 직전 꺼내어 상온에서 살짝 해동한 뒤 믹서기에 넣고 곱게 갈아 셔벗 상태로 만듭니다.

DANO's TIP

수박, 블루베리, 딸기와 같은 과일뿐만 아니라 오이나 셀러리도 훌륭한 그라니타 재료가 될 수 있답니다.

지치고 피곤한 날, 당 충전 필요할 때

자몽 파프리카 주스

파프리카는 피망보다 과육이 두껍고 단맛이 강해 개운한 과일처럼 씹어 먹기 좋고, 주스로도 활용하기 좋은 채소랍니다. 여기에 자몽과 레몬의 싱그러움을 더하면 정신이 맑아지는 에너지 주스 한 잔이 완성돼요.

Ingredients

자몽 1/2개(100g)
파프리카 50g
탄산수 200g
레몬즙 2큰술
스테비아 1큰술

How to cook

1
자몽은 껍질과 질긴 부분, 씨를 최대한 제거하고 파프리카와 함께 한입 크기로 자릅니다.

2
믹서기에 모든 재료를 넣고 곱게 갑니다.

DANO's TIP

자몽 특유의 쓴맛은 과육을 감싼 흰 껍질에서 나오기 때문에 가능하면 이 부분을 완전히 제거해 주세요.

Special Page

빵순이 필독! 달다구리 끊어 내는 팁

"달달한 음식을 달고 사는 저도 바뀔 수 있을까요?"

예전의 저는 아침에 눈떠서 밤에 잠들기 전까지 하루 종일 달달한 음식을 달고 살았어요. 케이크, 브라우니, 쿠키, 아이스크림이 항상 곁에 있었지요. 삼시 세끼 건강하게 먹은 날조차도 식후 조각 케이크는 포기할 수 없었어요. 먹고 나서 뒤늦게 자책하고 후회했죠.

그런데 나중에야 알았지만 제가 디저트를 끊을 수 없었던 이유가 있었어요. 우리 몸에서 에너지가 부족할 때 설탕, 백미, 밀가루 같은 정제 탄수화물은 지친 몸과 정신을 빠르게 안정시켜요. 문제는 이런 정제 탄수화물과 당으로 채운 포만감은 오래가지 않아서 금세 다시 헛헛해질 뿐 아니라, 뇌에서는 점점 더 강한 달콤함을 요구했던 것이죠.

'아하, 내 몸이 급하게 에너지원을 찾느라 그랬구나. 한 번 달콤한 음식으로 욕구가 채워진 후에는 나의 뇌가 계속 달콤한 음식을 더 찾게 되는구나.'

습관 성형의 첫 단계는 이렇게 나 자신의 상태에 대해 파악하는 것으로부터 시작해요. 정제 탄수화물과 당을 끊지 못하는 식습관을 갖고 있다면 다음에 소개하는 몇 가지 입맛 성형 팁을 시도해 보세요.

① 아침 한 끼만 담백하게 바꿔 보기

하루아침에 먹던 디저트를 다 끊기 어렵다면 아침에 일어나서 먹는 첫 식사만이라도 정제 탄수화물이 없는 음식으로 차려 보세요. 설탕 가득한 시리얼이나 달콤한 농축 주스를 마시면 우리 뇌가 첫 끼니부터 강한 자극을 받아들이게 되니 하루 종일 더 큰 자극을 갈망하게 돼요.

단맛 중독에서 벗어나려면 아주 적은 단맛에도 미각이 예민해질 수 있도록 단맛이 뇌에 주는 자극을 중화시켜야 해요. 그렇다고 갑자기 단맛을 다 끊어 버리면 뇌는 평소 먹던 에너지원이 들어오지 않아 보상기제를 작동시키고, 이는 폭식으로 이어지니 천천히 바꿔 나가길 권해요.

저는 아침 한 끼를 그린스무디로 바꿨어요. 케일, 청경채, 로메인 등 푸른 잎채소와 과일 한두 가지를 넣고 갈아서 만듭니다. 처음에는 과일과 채소를 50:50으로 갈아서 적당히 달달하게 즐기고, 점점 과일 비율을 낮추면서 입맛을 적응시켜 나가 보세요.

Before   After

② 좋아하는 음식의 클린 버전 만들기

나만의 최애 달다구리 아이템들이 하나씩 있겠지요. 아무리 해롭다 해도 음식을 통해 누리는 삶의 낙도 무시할 수 없죠. 음식의 모양과 식감을 최대한 비슷하게 구현하면서, 가장 건강한 재료로 대체해서 직접 만들어 보세요. 사랑하는 소울푸드를 좀 더 맘 편히 자주 즐길 수 있는 레시피를 얼마든지 찾을 수 있어요.

오트밀가루나 현미가루, 통밀가루, 다크초콜릿을 활용해서 만드는 초콜릿 청크 쿠키, 카카오가루와 두부로 만든 브라우니, 현미빵과 그릭요거트로 만든 케이크처럼요. 책에 소개한 레시피들을 마음껏 활용해 보세요. 직접 만들어 보면 평소 맛있다고 느꼈던 맛을 내기 위해 얼마나 많은 설탕이 들어갔는지 내 눈과 손으로 체감할 수 있어요.

③ 충분히 자고 운동하기

중독은 '도파민'이라는 강력한 쾌락의 호르몬과 연관이 깊어요. 우리 뇌에서 쾌락이 필요한 순간은 몸이 힘들거나 마음이 지칠 때예요. 일하다 힘들 때 담배를 찾게 되고, 스트레스를 받으면 단것이 당기고, 시험기간에 하는 게임이 제일 재밌고 끊을 수 없는 것처럼, 심신이 취약할 때 특정 중독에 빠지기 쉬운 상태가 돼요.

반대로 이야기하면 몸이 충분히 휴식하고, 지치지 않고, 스트레스를 덜 받는 상태에서는 무언가에 쉽게 중독되지 않고, 경험하더라도 쉽게 그만둘 수 있어요. 충분한 수면과 적당한 운동으로 몸과 마음을 쉬게 해 주는 것이 단맛 중독에서 벗어나는 근본적인 해결책이 될 수 있어요.

부록

다노의 상황별 식단 플랜 4종

소문난 다이어트 식단 맛집에 오신 여러분, 환영합니다!
각자의 상황에 따라 단기간 안에 실행 가능한 플랜을 짜 봤어요.
다노의 영양 전문가들이 원하는 효과를 볼 수 있도록 부족함 없이
과학적으로 구성했으니 믿고 일주일만 따라 해 보세요.
다노가 항상 곁에서 응원할게요.

직장인 7일 플랜

바쁜 현대사회 속 직장인에게 아침 시간은 1분 1초가 소중하죠. 단시간에 만들 수 있는 가벼운 메뉴로 스피디하게 아침을 챙기고 점심은 전날 저녁에 도시락으로 챙기기 좋은 메뉴로 구성하세요. 저녁은 열심히 일한 나를 대접하는 마음으로 든든한 메뉴로 챙겨 먹으면 심리적인 포만감도 충족시켜 줘요.

	월	화	수	목	금	토	일
아침	딸기 요거트 스무디 206p	보라보라 스무디 208p	자몽 파프리카 주스 218p	두부 요거트 76p	요거트 바나나 푸딩 192p	오트밀 토달볶 66p	아스파라거스 오믈렛 50p
점심	버섯 시금치 샐러드 62p	두닭두닭 스테이크 102p	연두부 그라탱 48p	팔라펠 샐러드 96p	닭가슴살 콜드 파스타 84p	길거리 토스트 136p	게맛살 달걀 볶음밥 86p
저녁	부추 닭죽 116p	갈릭 새우 볶음밥 108p	닭가슴살 도토리 떡국 154p	고구마 닭갈비 166p	달콤 묵떡볶이 140p	깻잎 제육 덮밥 172p	어묵 볶음우동 144p

저탄수 7일 플랜

열정이 마구 샘솟는 급찐급빠 타이밍에 딱 좋은 플랜입니다. 조금 타이트하게 식단 관리를 할 때는 평소보다 탄수화물 비중을 줄여야 해요. 포인트는 아예 탄수화물을 배제하는 것이 아니라는 것! 흰쌀과 밀가루는 최대한 피하고, 단백질 비중을 대폭 늘려 든든함을 채워주는 것이 좋습니다.

	월	화	수	목	금	토	일
아침	낫토 삼합 68p	에그 핑거푸드 188p	연두부 그라탱 48p	오트밀 토달볶 66p	두부 요거트 76p	베트남 반세오 146p	달달 알배추전 56p
점심	당근 당걀 키토 김밥 138p	애호박 멘보샤 156p	소고기 두부 뭇국 120p	애호박면 크림 파스타 64p	칠리 콘 카르네 126p	들깨 크림 리소토 164p	한입 버섯 마르게리타 72p
저녁	라타투이 라자냐 148p	코코넛에 빠진 닭 124p	크림 시금치 연어 92p	단호박 부추 오리 볶음 110p	닭가슴살 무 조림 128p	소고기 스키야키 174p	크림 닭가슴살 스테이크 98p

채식 7일 플랜

채식에 입문하는 초보자들도 쉽게 따라할 수 있는 비기너 식단입니다. 달걀이나 유제품까지 제한하는 엄격한 비건 식단과 달리 육류만 제외하고 부족한 단백질은 달걀이나 두부, 콩으로 대체해 주세요. 처음 도전하는 채식이라면 세끼만으로 약간 허기질 수 있으니 중간중간 간식을 추가 해 주면 더욱 좋습니다. 다노 레시피와 함께라면 채식도 어렵지 않고 맛있게 즐길 수 있어요.

	월	화	수	목	금	토	일
아침	방아방아 오트밀 52p	흑임자 오트밀죽 58p	두부 요거트 76p	자몽 파프리카 주스 218p	애플파이 그래놀라 214p	오트밀 바나나 브레드 200p	단호박 초코칩 스콘 186p
점심	세모야 스튜 70p	팔라펠 샐러드 96p	솜땀 샐러드 162p	연두부 그라탱 48p	알배추 겉절이 샐러드 74p	게맛살 두부밥 104p	아스파라거스 오믈렛 50p
저녁	단호박 에그슬럿 78p	당근 달걀 키토 김밥 138p	오트밀 감자 수제비 150p	고구마 치즈전 60p	땅콩 두부 포케 100p	버섯 시금치 샐러드 62p	버섯 들깨 순두부 114p
간식	두유 생초콜릿 210p	레몬 그라니타 216p	바땅샌드 212p	검은콩 강정 202p	귀리 흑임자떡 198p	떠먹는 고구마 브라우니 180p	베리베리 아이스티 204p

저염 3일 플랜

인생의 중요한 이벤트나 촬영을 앞두고 있을 때 단기간 진행해 보세요. 건강은 지키면서도 효과가 정말 좋답니다. 이때 소금은 줄이고 레몬즙과 식초 등 신맛 재료를 활용하는 것이 포인트! 나트륨 배출에 효과적인 칼륨이 풍부한 고구마와 바나나, 아보카도와 같은 과일이나 채소를 함께 먹으면 더욱 좋습니다.

	1일	2일	3일
아침	자몽 파프리카 주스 218p	보라보라 스무디 208p	딸기 요거트 스무디 206p
점심	팔라펠 샐러드 96p	땅콩 두부 포케 100p	당근 달걀 키토 김밥 138p
저녁	오트밀 토달볶 66p	트러플 양송이 수프 160p	코코넛에 빠진 닭 124p
간식	오트밀 바나나 브레드 200p	요거트 바나나 푸딩 192p	레몬 그라니타 216p

INDEX

ㄱ

가지 마파두부	130
갈릭 새우 볶음밥	108
검은콩 강정	202
게맛살 달걀 볶음밥	86
게맛살 두부밥	104
고구마 닭갈비	166
고구마 치즈 스틱	182
고구마 치즈전	60
귀리 흑임자떡	198
길거리 토스트	136
깻잎 제육 덮밥	172

ㄴ

낫토 삼합	68
냉채 골뱅이 무침	112

ㄷ

다크초콜릿 아이스크림	194
단호박 부추 오리 볶음	110
단호박 에그슬럿	78
단호박 초코칩 스콘	186
달달 알배추전	56
달콤 묵떡볶이	140
닭가슴살 가지 보트 피자	106
닭가슴살 도토리 떡국	154
닭가슴살 무 조림	128
닭가슴살 콜드 파스타	84

ㄷ(당)

당근 달걀 키토 김밥	138
두닭두닭 스테이크	102
두부 요거트	76
두유 생초콜릿	210
두유 투움바 파스타	142
들깨 크림 리소토	164
딸기 요거트 스무디	206
땅콩 두부 포케	100
떠먹는 고구마 브라우니	180

ㄹ

라타투이 라자냐	148
레몬 그라니타	216

ㅁ

매콤 닭가슴살 두부 두루치기	118

ㅂ

바땅샌드	212
방아방아 오트밀	52
버섯 규동	170
버섯 들깨 순두부	114
버섯 시금치 샐러드	62
베리베리 아이스티	204
베트남 반세오	146
보라보라 스무디	208
봄 달래 비빔밥	54
부추 닭죽	116

ㅅ

새우 납작 만두	168
세모야 스튜	70
소고기 두부 뭇국	120
소고기 스키야키	174
솜땀 샐러드	162

ㅇ

아스파라거스 소고기말이	94
아스파라거스 오믈렛	50
아카텔라	196
알배추 겉절이 샐러드	74
애플파이 그래놀라	214
애호박 멘보샤	156
애호박면 크림 파스타	64
야채수	40
어묵 볶음우동	144
에그 핑거푸드	188
연두부 그라탱	48
연두부 마요네즈	44
연어 세비체	80
오트밀 감자 수제비	150
오트밀 미역 들깨죽	82
오트밀 바나나 브레드	200
오트밀 토달볶	66
요거트 바나나 푸딩	192

ㅈ

자몽 파프리카 주스	218

ㅊ

청경채 닭가슴살 볶음	122
칠리 콘 카르네	126

ㅋ

코코넛 고구마 맛탕	190
코코넛에 빠진 닭	124
콜리플라워 라이스	42
크림 닭가슴살 스테이크	98
크림 시금치 연어	92

ㅌ

토마토소스	38
트러플 양송이 수프	160

ㅍ

팔라펠 샐러드	96
포테이토 샐러드 피자	158
푸실푸실 닭가슴살 잡채	152

ㅎ

한입 버섯 마르게리타	72
후무스	184
흑임자 오트밀죽	58

맛있고 배부른
다노 다이어트 레시피

1판 1쇄 펴냄 2021년 5월 10일
1판 3쇄 찍음 2021년 6월 30일

지은이 다노 이지수, 이애리

편집 김수연 김지향
교정교열 윤혜민
디자인 석윤이
미술 김낙훈 한나은 이미화
마케팅 정대용 허진호 김채훈 홍수현 이지원 이지혜
온라인마케팅 유선사
홍보 이시윤
제작 임지헌 김한수 이인선 권혁진
관리 박경희 김하림 김지현

사진 한정수(010-6232-8725)
푸드 스타일링 김지현
레시피 어시스턴트 이정화
촬영 어시스턴트 임지우

펴낸이 박상준
펴낸곳 세미콜론
출판등록 1997. 3. 24. (제16-1444호)
06027 서울특별시 강남구 도산대로1길 62

대표전화 515-2000 팩시밀리 515-2007
편집부 517-4263 팩시밀리 515-2329

ISBN 979-11-91187-78-6 13590

세미콜론은 민음사 출판그룹의
만화·예술·라이프스타일 브랜드입니다.
www.semicolon.co.kr

트위터 semicolon_books
인스타그램 semicolon.books
페이스북 SemicolonBooks
유튜브 세미콜론TV